Sharon MacDonald

Entspannt durch den Anfangsunterricht

Über **200 Tricks,**
Organisations-Tipps und Methoden

⬚ Verlag an der Ruhr

Titel der deutschen Ausgabe
Entspannt durch den Anfangsunterricht
Über 200 Tricks, Organisations-Tipps und Methoden

Titel der amerikanischen Originalausgabe
Sanity savers for early childhood teachers: 200 quick fixes for everything from big messes
to small budgets

© der amerikanischen Originalausgabe (2004)
Sharon MacDonald, published by Gryphon House, Inc., 10770 Columbia Pike, Suite 201,
Silver Spring, Maryland 20901, USA

Autorin
Sharon MacDonald

Umschlagfotos
© Maridav – Fotolia.com

Illustrationen
Kathy Dobbs

Übersetzung
Rita Kloosterziel

Bearbeitung für Deutschland

Verlag an der Ruhr
Mülheim an der Ruhr
www.verlagruhr.de

Geeignet für die Klassen 1–2

Unser Beitrag zum Umweltschutz:
Wir sind seit 2008 ein ÖKOPROFIT®-Betrieb und setzen uns damit aktiv für den Umweltschutz ein. Das
ÖKOPROFIT®-Projekt unterstützt Betriebe dabei, die Umwelt durch nachhaltiges Wirtschaften zu entlasten.
Unsere Produkte sind grundsätzlich auf chlorfrei gebleichtes und nach Umweltschutzstandards zertifiziertes
Papier gedruckt.

© der deutschen Ausgabe
Verlag an der Ruhr 2012
ISBN 978-3-8346-0938-0

Printed in Germany

Einleitung

Die Idee hinter diesem Buch ist es, einige der unnötigen Stresssituationen in Ihrem Schulalltag zu entschärfen. Die Lösungen, die Sie hier finden, sollen Ihnen mehr Zeit geben, sich mit den Kindern zu beschäftigen und ihre Gesellschaft zu genießen.

Sie brauchen das Buch nicht von Anfang bis Ende lesen. Am besten sehen Sie sich das Inhaltsverzeichnis oder das Register an, suchen sich ein Thema aus, das Sie interessiert, und fangen an, zu lesen. Die Randbemerkungen, die mit „Tipp" und „Versuchen Sie das mal!" überschrieben sind, liefern zusätzliche Impulse und Anregungen.

Viele der Vorschläge in diesem Buch sind ebenso verspielt wie die Kinder, mit denen Sie zu tun haben. Es ist wichtig, dass kleine Kinder ihren Spaß haben und spielen dürfen:
Kinder lernen beim Spielen. **Spiele sind das „Werkzeug", das Kinder für ihre kognitive Arbeit des Lernens mitbringen.**

Ich weiß, dass die Ideen, Tipps und Lösungen in diesem Buch funktionieren, weil ich sie selbst in den 28 Jahren eingesetzt habe, in denen ich unterrichtet habe. Rückblickend stelle ich fest, dass die ersten Jahre schwierig waren, weil ich Mühe hatte, meine Unterrichtstätigkeiten zu organisieren und das Verhalten der Kinder zu lenken. Unterrichten ist hart, aber man lernt mit den Kindern.

Für Verbesserungen in einer Klasse zu sorgen heißt, Probleme vorherzusehen und sie abzuwenden. Je mehr Erfahrung Sie damit haben, kleine Kinder durch den Alltag in Ihrer Klasse zu geleiten, desto besser sind Sie in der Lage, dem Geschehen einen Schritt voraus zu sein. Es macht Ihnen das Leben einfacher und gibt Ihnen mehr Zeit, sich konstruktiv mit den Kindern zu beschäftigen, sie zu lehren.

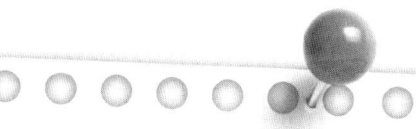

Tipp
Handeln Sie ruhig. Es ist wichtig, dieses Verhalten vorzuleben. Niemand wird merken, wenn Sie nur so tun als ob.

Ihr Erfolg hängt stark davon ab, wie Sie die Kinder an die neue Erfahrung des Lernens heranführen, die auf sie zukommt. Ich empfehle Ihnen, dass Sie sie wissen lassen, was Sie von ihnen erwarten. Das hilft den Kindern, sich Abläufe anzugewöhnen, die Ihnen und Ihrem Unterricht nützen. Oft stellte ich fest, dass ich gar nicht so genau formulieren konnte, was ich von den Kindern wollte. Dann hatte ich ein Problem. Wie konnten sie wissen, was sie tun sollten, wenn ich es selbst nicht wusste?

Machen Sie den Kindern klar, was Sie an grundlegenden sozialen Kompetenzen erwarten und was Sie ihnen in diesem Bereich beibringen wollen. So lernen die Kinder, bei Schwierigkeiten und Frustrationen sich selbst und anderen zu helfen, sodass Sie mehr Zeit damit zubringen können, ihnen beim Lernen zu helfen.

Ihre Fähigkeit, den Kindern etwas beizubringen und sie selbst lernen zu lassen, kann durch viele unterschiedliche Umstände behindert werden, z.B. durch Raummangel. In vielen Klassenzimmern gibt es einfach nicht genügend Platz für Materialien, Vorräte, Mobiliar und natürlich die Kinder selbst, die besser arbeiten können, wenn sie reichlich Bewegungsspielraum haben.

Manche Schwierigkeiten ergeben sich aus der Finanzlage einer Schule. So müssen Sie viele Sachen für Ihre Klasse selbst anschaffen. Dieser zusätzliche Aufwand ist dennoch ein Gewinn, denn er macht Ihren Unterricht effektiver und Ihr Leben leichter.

Zudem ist da das Problem mit der Zeit. Es scheint nie genug Zeit zu geben, um zu lesen, Formulare auszufüllen, Kollegen und Eltern zu treffen, Krisen zu bewältigen, Unterricht vorzubereiten und durchzuführen.

Die Klasse selbst kann ebenfalls Probleme mit sich bringen. Jede Klasse ist so einzigartig wie die Kinder darin, und Lehrer müssen herausfinden, wie die Kinder bestmöglich in dem Klassenraum agieren und lernen können.

Das Zusammenspiel von Zeit-, Geld-, Raum- und Verhaltensproblemen sowie Ausnahmen von allen erdenklichen Regeln führen dazu, dass jede Gruppe eine große Herausforderung an Ihren Einfallsreichtum als Lehrer darstellt.

Also, wie können Sie anfangen, Ihr Leben als Lehrer leichter zu machen?
- Nehmen wir zunächst an, dass Unterricht Spaß macht, und konzentrieren uns darauf, die Umgebung zu ändern, statt zu versuchen, die Kinder zu ändern.
- Nehmen wir uns die Zeit, den Kindern zu zeigen und zu erklären, wie man Dinge benutzt.
- Nehmen wir uns die Zeit, das Vertrauen in ihnen aufzubauen, dass die Umgebung ihre Erkundungen unterstützt und ihnen vielfältige und reichhaltige Lernmöglichkeiten bietet.
- Nehmen wir uns die Zeit, Sicherheitsaspekte in Situationen zu erläutern, in denen Hitze, Glasscherben und andere mögliche Gefahren vorkommen. Benutzen Sie bei Ihrer Arbeit mit den Kindern keine giftigen Materialien. In allen Situationen mit Gefahrenpotenzial sollten die Kinder genau beaufsichtigt werden.

Am besten behandeln Sie Regeln wie diese in den ersten vier Wochen, die die Kinder miteinander verbringen. Mehr dazu finden Sie in Kapitel 1, „Vier Wochen für ein ganzes Jahr".
Ich empfehle Ihnen, dieses Kapitel jeweils in kurzen Abschnitten zu lesen, sodass Sie sich auf den Inhalt konzentrieren können.
Es ist kein Allheilmittel, bietet aber viele Grundlagen.

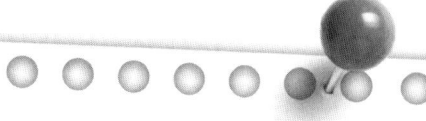

Das Wichtigste ist, dass Sie die Kinder akzeptieren und Ihre Zeit mit ihnen genießen. Die Kinder haben Bedürfnisse, die Sie versuchen müssen, zu verstehen. Dadurch geben sie Ihrem Unterricht einen Sinn, und sie machen schneller Erfahrungen, als Sie sie vorhersehen können.

Wenn ich an meine Erlebnisse in der Arbeit mit Kindern denke, sehe ich vor meinem inneren Auge einen Steinhaufen, der 28 Steine bzw. Jahre hoch ist. Immer, wenn ich die Hand ausstreckte, um einen Stein hervorzuziehen, rückten die anderen Steine in die neu entstandene Lücke, als wollten sie sagen: „Probier mich als Nächstes aus." Vielleicht geht es Ihnen auch so. Sie haben Ihren eigenen Steinhaufen.
In diesem Buch finden Sie weitere Steine, die Sie Ihrem Steinhaufen hinzufügen können und die das wunderbare Erlebnis bereichern, mit Kindern zu arbeiten.

Ich wünsche Ihnen nun viel Spaß und viele weitere wunderbare Erlebnisse mit den Kindern

Ihre *Sharon MacDonald*

Tipp
Bei kleinen Kindern ist es wichtiger, Selbstwertgefühl aufzubauen, als Informationen zu vermitteln.

Widmung
Dieses Buch ist allen Lehrern gewidmet, mit denen ich im Laufe der Jahre zusammengearbeitet habe. Wir haben miteinander geredet, gelacht und geteilt. Sie haben mit ihrem Mutmachen und mit ihrer von Herzen kommenden Großzügigkeit dazu beigetragen, dass ich geistig gesund geblieben bin.

Entspannt durch den Anfangsunterricht

Kapitel 1

Vier Wochen für ein ganzes Jahr

„Vier Wochen für ein ganzes Jahr" bedeutet, dass Sie sich in den ersten vier Wochen eines Schuljahres die Zeit nehmen, den Kindern beizubringen, wie sie sich in einer Klasse erfolgreich zurechtfinden. Das ist schwierig, weil Sie Ihre Zeit auch für so viele andere Dinge benötigen. Wenn Sie aber diese vier Wochen darauf verwenden, den Kindern zu erklären, wie der Alltag in der Klasse funktioniert, wird der Rest des Jahres für alle einfacher werden. Und das ist der Grund dafür: Kinder müssen lernen, unabhängig von Ihnen zu handeln und sich selbst zu helfen oder Mitschüler um Unterstützung zu bitten. Die ersten vier Wochen sind die Zeit, in der sie beginnen, ihre Unabhängigkeit praktisch umzusetzen.

Auf dem Weg ins Erwachsenenalter haben Kinder mit anderen Kindern zu tun. Gut miteinander umzugehen ist eine wesentliche, erlernte Fähigkeit. Wir hören und lesen immer wieder, wie eine Gemeinschaft davon profitiert, dass ihre Mitglieder zusammenarbeiten und Missverständnisse erst gar nicht entstehen lassen.

Die Grundlagen für diese Fähigkeiten werden gelegt, wenn Kinder sich mit anderen Kindern ein Umfeld teilen. Die Klasse ist der Ort, wo die eigenen Bedürfnisse auf die Bedürfnisse anderer Menschen treffen. Auf andere Rücksicht zu nehmen ist ein erster Schritt in sozialem Lernen. Ein weiterer Pluspunkt ist, dass wir Lehrer nicht immer diejenigen sein müssen, die den Kindern helfen. Unsere Aufgabe ist es nicht, den Kindern Informationen zu vermitteln, sondern ihnen das Lernen beizubringen.

12 Ideen für mehr Selbstständigkeit

Mit den Techniken, die ich Ihnen hier vorstelle, konnte ich Kindern Möglichkeiten aufzeigen, immer unabhängiger und selbstständiger zu werden. Diese Eigenschaften ergeben sich aus dem Alltag in der Klasse. Die folgenden Techniken eignen sich vor allem für Klassen und Klassenräume mit thematisch abgegrenzten Bereichen.

1. Stellen Sie den Kindern in den ersten vier Wochen des Schuljahres jeweils einen thematischen Bereich vor. Lassen Sie alle Kinder an diesen Einführungen teilnehmen, um die **Verhaltensregeln für jeden Bereich** herauszuarbeiten. Denken Sie daran, zusätzliche Übergangszeit für Aufräumen, Anfang und Ende der Aufgaben sowie Abschluss des Tages einzuplanen. Die Bereiche, die die Kinder kennengelernt haben, werden im Laufe der Zeit reibungslos funktionieren. Auch wenn es schwierig, laut, durcheinander und chaotisch wird: Bleiben Sie ruhig. Ihre Arbeit wird sich lohnen.

2. Halten Sie sich bereit, Kinder zwischendurch wieder an ihre Aufgaben heranzuführen. Verbringen Sie **10 bis 15 Minuten bei einer kleinen Gruppe von Kindern**, stehen Sie dann auf, und gehen Sie ungefähr fünf Minuten lang durch den Raum. Das gibt Ihnen Zeit und Gelegenheit, die Aufmerksamkeit der Kinder wieder auf ihre Aufgaben zu lenken, sie zu ermahnen und ihnen Mut zu machen. Setzen Sie sich dann zu einer anderen Gruppe von Kindern. Behalten Sie diesen Rhythmus bei, bis Sie mit allen Kindern gearbeitet haben.

3. Achten Sie darauf, dass Sie klare **schriftlichen und mündlichen Anweisungen** geben. Viel von dem, was bei Lehrern als Ungehorsam ankommt, beruht auf einem Missverständnis auf Seiten des Kindes. Geben Sie eine Anweisung mündlich, und lassen Sie das Kind diese Anweisung wiederholen. Dieses Kind könnte dann Ihr neuer Begleiter von Aufgaben (siehe Seite 81) werden. Die anderen Kinder werden sich oft an dieses Kind wenden, wenn sie Hilfe brauchen.

4. Teilen Sie den Kindern Ihre Erwartungen mit. Sagen Sie ihnen, was sie tun werden, und betonen Sie, dass sie ohne Sie arbeiten werden, entweder allein oder in kleinen Gruppen. Erklären Sie, warum **selbständiges Arbeiten** wichtig ist.

5. Bringen Sie den Kindern **grundlegende Problemlösestrategien** bei. Kinder müssen diese Fertigkeiten erlernen, um von anderen das zu bekommen,

was sie brauchen. Bei einer Problemlösung geht es zunächst darum, zu verstehen und zu akzeptieren, was das Problem ist. Die erste Frage lautet: „Warum bin ich unglücklich oder durcheinander?" Ein Problem zu formulieren (oder es zumindest zu versuchen) ist ein guter Ansatz, selbst wenn Kinder nicht so geschickt darin sind, ihre Gefühle auszudrücken. So beginnt der Problemlöseprozess. In diesem frühen Stadium des neuen Selbstbewusstseins brauchen die Kinder ein wenig Unterstützung durch den Lehrer. Jedoch habe ich die Erfahrung gemacht, dass die Kinder die ersten Schritte aus der Erkenntnis heraus machen, dass ein Problem bisweilen nicht so ist, wie es ihnen erscheint.

6. **Lehren Sie die Kinder, zu verhandeln.** Zunächst lernen sie es, indem sie mit Ihnen verhandeln. Sie geben Verhaltensweisen durch Ihr eigenes Verhalten vor, und die Kinder machen es nach. Eine Verhandlung beginnt damit, dass man das Problem feststellt. Das Kind formuliert das Problem aus seiner Sicht. Das Geheimnis bei Verhandlungen liegt darin, der anderen Seite etwas zuzugestehen, was sie will, damit Sie etwas bekommen können, was Sie wollen. Machen Sie vor, wie man verhandelt, und nach und nach schlüpfen Sie in die Rolle des Vermittlers. Die Lösung bleibt schließlich den Kindern überlassen.

7. Als Vermittler zwischen zwei Kindern mit unterschiedlichen Standpunkten bieten Sie mehrere Lösungen für ein Problem an. Hier sind einige **Vermittlungs-Lösungs-Beispiele:**

   ❯ Messen Sie die Zeit, während der ein Kind Material oder Zubehör benutzen kann, das andere Kinder ebenfalls benutzen möchten. Jedes Kind hat die gleiche Zeitspanne zur Verfügung.

   ❯ Bringen Sie ihnen bei, Experten für ihre eigenen Verhaltensweisen zu sein, nicht für das Verhalten anderer. Verwenden Sie Redewendungen wie „Ich habe das Gefühl, dass ..." statt „Du bist ...".

   ❯ Im Falle von Entscheidungsschwierigkeiten würfeln Sie oder werfen eine Münze.

   ❯ Stellen Sie eine Warteliste auf (siehe Seite 30).

   ❯ Arbeiten Sie gemeinsam an einem Projekt.

   ❯ Wechseln Sie sich ab, ohne dass die Zeit gemessen wird.

   ❯ Spielen Sie das „Stein, Schere, Papier"-Spiel.

   ❯ Verteilen Sie „Psssst!"-Lotion (siehe Seite 89) als „Problemlöse-Lotion".

   ❯ Richten Sie ein „Beschwerdebuch" ein (siehe Seite 28).

   ❯ Erklären Sie, dass alle das gleiche Recht auf die gleichen Sachen haben.

   ❯ Bringen Sie den Kindern bei, einen „Krisenherd" zu verlassen, um die Verschlimmerung eines Konflikts zu verhindern.

Tipp

„Benutzt du gerade deinen wütenden Kopf oder deinen denkenden Kopf?" Diese Frage hilft Kindern, ihre Gefühle näher zu bestimmen.

Nehmen Sie sich die Zeit, Sicherheitsaspekte in Situationen zu erläutern, in denen Hitze, Glasscherben und andere mögliche Gefahren vorkommen. Benutzen Sie bei Ihrer Arbeit mit den Kindern keine giftigen Materialien. In allen Situationen mit Gefahrenpotenzial sollten die Kinder genau beaufsichtigt werden.

Tipp

Emotionen sind normal. Akzeptieren Sie Stimmungen der Kinder als das Beste, womit sie in diesem Augenblick aufwarten können. Wenn die Kinder die Klassenregeln kennenlernen, sich darauf verlassen und außerdem die Erfahrung machen, dass Sie sie fair behandeln, reagieren sie weniger emotional. Und sie werden lernen, dass sie irgendwann an die Reihe kommen, auch wenn sie zunächst warten müssen.

8. **Sehen Sie Verhaltensprobleme voraus**, und handeln Sie, bevor sie explodieren. Hier sind einige Beispiele:

   ▶ Grenzen Sie die Arbeitsbereiche klar voneinander ab.

   ▶ Verlagern Sie Arbeitsbereiche, wenn es zu Konflikten kommt.

   ▶ Schaffen Sie „Rennstrecken" ab. Rennstrecken sind Bereiche in einem Klassenzimmer, die zum Laufen einladen. Normalerweise sind es lang gestreckte, leere Gänge. Der Verkehr in der Klasse funktioniert am besten, wenn Sie die Themenecken versetzt anordnen und lange Freiräume vermeiden.

   ▶ Nehmen Sie sich die Zeit, und vergewissern Sie sich, dass jeder weiß, wie er in einer Themenecke arbeitet und die Materialien richtig nutzt.

9. Wenn ein Kind sich nicht so verhält, wie es sollte, gehen Sie nach der folgenden Reihenfolge vor: **erinnern, die Aufmerksamkeit zurück auf die Aufgabe lenken, wegschicken**. Sie müssen jedoch sofort eingreifen, wenn die Sicherheit des Kindes gefährdet ist und wenn es Ihnen ernst damit ist, dass die Kinder selbstständig arbeiten sollen. Ein „Stopp", „Nein" oder „Lass das" ist nur dann nötig, wenn die physische Sicherheit des Kindes bedroht ist. Mit diesen Worten erkaufen Sie sich ein bisschen Zeit, doch laden sie gleichzeitig nur dazu ein, gegen sie zu verstoßen. Außerdem nutzen sie sich bei häufigem Gebrauch ab, und die Kinder ignorieren sie einfach. Kurz zusammengefasst:

   ▶ Erinnern Sie das Kind daran, wie es die Aufgabe durchführen soll.

   ▶ Lenken Sie die Aufmerksamkeit des Kindes auf die Aufgabe, wenn der Erinnerungsversuch fehlgeschlagen ist und keine Verhaltensänderung bewirkt hat. Machen Sie den korrekten Einsatz der Aufgabe vor, und beobachten Sie, wie das Kind das neue Verhalten nachahmt.

   ▶ Schicken Sie das Kind weg, wenn es sich weiterhin störend oder destruktiv verhält. Ermuntern Sie es, sich eine andere Themenecke auszusuchen, und sagen Sie ihm, dass es diese Themenecke am nächsten Tag noch einmal ausprobieren kann.

   Jeder Tag ist ein neuer Tag. Eine Konsequenz bis zum nächsten Tag aufzuschieben oder auszudehnen ist einen Tag zu spät. Dem Kind eine Notiz mit nach Hause zu geben ist fünf Stunden zu spät. Konsequenzen müssen unmittelbar sein, wenn sie etwas bewirken sollen. Etwas zu Ende zu führen ist ganz wichtig für das kindliche Lernen.

10. Lassen Sie unangemessenem Verhalten **logische Konsequenzen** folgen. Kinder müssen wissen, welche Konsequenzen ihr Verhalten hat. Achten Sie darauf, dass die Konsequenzen zu dem passen, was der Schüler getan hat. Seien Sie fair.

Hier sind einige Beispiele für logische Konsequenzen:

- ▶ Etwas kaputt gemacht? Repariere es nach Möglichkeit.
- ▶ Etwas umgeworfen? Hilf, es aufzuheben, oder stelle es wieder so hin wie vorher.
- ▶ Etwas vergossen? Wisch es weg.
- ▶ Jemandem wehgetan? Wie wäre es mit einem Eispack oder einem kühlenden Handtuch?
- ▶ Etwas weggenommen? Gibs zurück.
- ▶ Im Raum herumgerannt? Übe, wie man geht.
- ▶ Farbe auf dem Bild eines Mitschülers? Frage, was du tun kannst, um es wieder wegzubekommen. Versuch es mit einem Tupfer Tipp-Ex.

11. **Warten Sie. Viele Probleme lösen sich von selbst.** Häufige Einmischung von Erwachsenen in die Lösungen, die Kinder sich ausdenken, ist nicht klug. Die Lösungen mögen nicht „nett" sein – machen Sie trotzdem weiter im Text.

- ▶ Bleiben Sie ruhig.
- ▶ Beobachten Sie, was passiert.
- ▶ Gehen Sie auf den Ort des Konfliktes zu.
- ▶ Mischen Sie sich nur ein, wenn Sie ein Sicherheitsproblem sehen oder wenn Sie das Gefühl haben, dass Sie sich einmischen sollten. Vergessen Sie nicht, dass die Schule ein wichtiger Ort für soziales Lernen ist, nicht nur für die Kinder, sondern auch für alle Zuschauer. Wissen Sie noch, wie viel Sie als Kind ohne das Zutun Erwachsener gelernt haben, um dazuzugehören?

12. Wenn es ein Problem mit einem einzelnen Kind gibt, bringen Sie ihm bei, wie es das **„Ich kann helfen"-Buch** (siehe Seite 81) benutzen oder mit einem **„Lernfreund"** (siehe Seite 29) arbeiten kann.

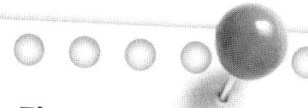

Tipp

Atmen Sie tief und häufig! Luft ist ein natürliches Beruhigungsmittel, und wenn sie stark genug ist, um Flugzeuge zu tragen, kann sie Sie auch aufrecht halten.

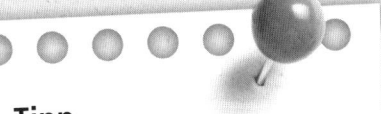

1

3 Bemerkungen zur Disziplin

1. Stellen Sie einfache Regeln auf.

2. Die logische Konsequenz eines Fehlers ist es, ihn zu korrigieren. Eine Alternative, auf die Lehrer oftmals zurückgreifen, ist es, das Kind dazu zu bewegen, „tut mir leid" zu sagen. In vielen Situationen ist es gar nicht so einfach, den Schuldigen zweifelsfrei herauszupicken. Den Schülern mag es so vorkommen, als sei der Lehrer parteiisch. Einem Kind eine Entschuldigung abzuringen, die es nicht ernst meint oder von der es nicht weiß, was sie bedeutet, heißt auch, dass das Kind eine falsche Darstellung von sich selbst präsentiert. Das kann psychologische Probleme zur Folge haben. Den meisten Kindern tut etwas nicht so leid wie einem Erwachsenen. Kleine Kinder sind nicht in der Lage, sich emotional mit anderen zu identifizieren. Das kommt zu einem späteren Zeitpunkt in ihrer Entwicklung, etwa im Alter von sechs bis zehn Jahren.

3. Die meisten Kinder haben das Bedürfnis, beim Spielen im Freien Frustrationen abzubauen und Energie loszuwerden. Der Schüler, dem die Einschränkungen und Regeln in der Klasse am schwersten fallen, hat den größten Nutzen vom Spiel auf dem Schulhof. Und oft genug braucht der Lehrer auch eine Pause. Spielen kann helfen.

Tipp
Handeln Sie ruhig. Es ist wichtig, dieses Verhalten vorzuleben. Niemand wird merken, wenn Sie nur so tun als ob.

Es ist also wichtig, direkt in den ersten vier Wochen die Grundlagen für ein friedliches und entspanntes Miteinander in der Klassengemeinschaft zu schaffen. Sowohl Lehrer als auch Kinder sollten wissen, was sie voneinander erwarten können. Aber nicht nur eine gute Klassengemeinschaft ist wichtig, sondern auch ein gut funktionierendes Aufräum- und Saubermach-System kann einem den Alltag erleichtern. Tipps dazu bekommen Sie im 2. Kapitel.

Kapitel 2

Aufräumen

Aufräumen und Saubermachen sind ein wichtiger Bestandteil des Tagesablaufs und bieten gleichzeitig eine Gelegenheit, Kindern auf lustige Art etwas beizubringen. Das Aufräumen ist häufig der Ausgangspunkt für Konflikte und Machtkämpfe, doch dem kann entgegengewirkt werden. Es ist wichtig, dass die Schüler lernen, mitzuhelfen. Machen Sie also eher ein Spiel daraus, und lächeln Sie beim Aufräumen und Saubermachen!

Also, was gibt es da beizubringen? Zunächst einmal lernen die Kinder durch das Aufräumen, wie wichtig Ordnung und Struktur sind. Sie lernen, dass es vorteilhaft ist, einen ordentlichen Platz zum Arbeiten zu haben. Außerdem lernen sie solche Fertigkeiten wie Zuordnen, Sortieren, Zählen, Beobachten und Vergleichen. Mit Ihrer Hilfe entdecken sie, dass das Aufräumen für einen reibungslosen Tagesablauf sorgt. Ordnung und Organisation

helfen ihnen, das zu finden, was sie brauchen. Dieses Kapitel stellt Reinigungstipps, Aufräumzubehör und Aufräumstrategien vor, die Sie in Ihrer Klasse einsetzen können.

Aufräum-tasche

Tipps zum Aufräumen und Saubermachen

Egal, wie aufgeräumt Ihr Klassenzimmer auch sein mag – der eine oder andere „Unfall" ist unvermeidlich. Ich habe im Laufe der Jahre viele verschiedene Dinge ausprobiert, um herauszufinden, womit man die Spuren solcher Unfälle beseitigt. Dass ich wusste, wie ich mir bei diesen kleinen Katastrophen helfen konnte, hat mich ruhiger gemacht.

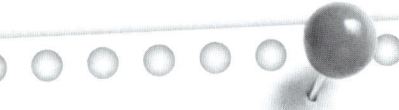

Tipp

Ich habe gelernt, dass man Buntstiftspuren und Flecken mit Ruhe begegnen sollte. Letzten Endes ist eine längere Einwirkzeit bei den meisten handelsüblichen Reinigungsmittel besonders wirksam.

Temperafarbe auf Hartböden

Lösung: Werfen Sie eine 6 mm dicke Schicht auseinandergefaltetes Zeitungspapier auf den Farbfleck. Lassen Sie das Papier fünf bis zehn Minuten lang liegen. Nehmen Sie es weg, und lassen Sie den Schüler, der die Farbe verschüttet hat, die Reste mit einem großen Schwamm wegwischen. Vermutlich muss der Schwamm mehrmals ausgewaschen werden. Wenn der Fleck hartnäckig ist, warten Sie bis zum Ende des Schultags, wenn die Schüler das Klassenzimmer verlassen haben. Gießen Sie etwas Nagellackentferner auf den Fleck, und wischen Sie ihn mit einem weichen Tuch auf.

Achtung

Nehmen Sie sich die Zeit, Sicherheitsaspekte in Situationen zu erläutern, in denen Hitze, Glasscherben und andere mögliche Gefahren vorkommen. Benutzen Sie bei Ihrer Arbeit mit den Kindern keine giftigen Materialien. In allen Situationen mit Gefahrenpotenzial sollten die Kinder genau beaufsichtigt werden.

Plastikoberflächen und Laminierfolie säubern

Zu Beginn meiner Laufbahn als Lehrerin benutzte ich feuchte Papierhandtücher, um laminierte Flächen und Folien zu säubern. Ich legte die Papierhandtücher in wiederverschließbare Plastikbeutel und bewahrte sie in der Nähe der Arbeitsbereiche auf, in denen oft etwas abgewischt werden musste. Es war zwecklos. Die Tücher trockneten schnell aus und waren nicht mehr zu gebrauchen. Oder sie waren zu nass, weil die Kinder sie zum Waschbecken mitnahmen, um sie wieder anzufeuchten. Meist vergaßen sie, sie auszudrücken, und tropften damit quer durch die Klasse. Platsch! Alles nass. Was tun?

Lösung: Legen Sie Wattepads (zum Abschminken) in drei oder vier Plastikdosen mit Klappdeckel und Verschlusslasche. Füllen Sie die Dosen mit den Pads, tröpfeln Sie 15 bis 20 Tropfen Wasser und zwei oder drei Tropfen Alkohol darüber. Der Alkohol verhindert, dass die Pads sauer werden. Verschließen Sie die Dose, und lassen Sie sie über Nacht stehen. Die Pads saugen das Wasser und den Alkohol auf. Die Kinder verwenden sie, um Filzstiftstriche wegzuwischen, und werfen sie dann weg. Pads funktionieren

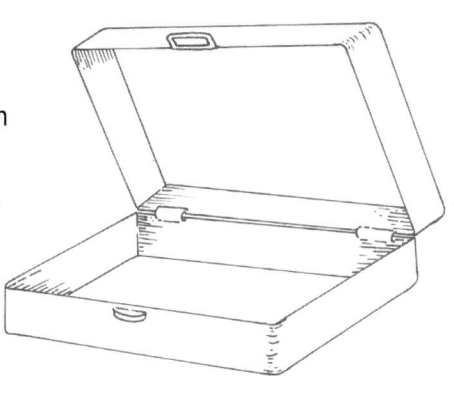

besser als andere getränkte Reinigungstücher, weil sie keine Lanolinspuren hinterlassen. Überprüfen Sie die Dosen regelmäßig; die Kinder werden Ihnen möglicherweise nicht Bescheid sagen, wenn sie leer sind, und Sie brauchen ja einen zeitlichen Vorlauf, weil die Pads die Feuchtigkeit absorbieren müssen.

Schmutzige Hände

Es gibt verschiedene Möglichkeiten, Kinderhände von Malfarben, Lebensmittelfarbe, Markerspuren und Schmutz zu befreien. Seife ist immer eine gute Idee. Kinder lieben Seife, sie seifen sich ein, bis die Schaumberge bis an die Decke reichen. Allerdings schafft Seife nicht viel mehr, als Schmutz zu lösen. Kinder interessieren sich auch für exotischere Lösungen. Hier sind ein paar Beispiele:

Lösung: Nehmen Sie eine rohe Kartoffelscheibe, und reinigen Sie die Hände damit. Wenn unter den Fingernägeln Reste von Lebensmittelfarbe sind, empfiehlt es sich, die Fingernägel in die Kartoffelscheibe zu drücken. Zitronensaft, Essig und Haarspray sind ebenfalls gut geeignet. Bei Zitronensaft und Essig muss man die Hände kräftig gegeneinanderreiben, bei Haarspray reibt man sie mit einem alten Tuch ab. Wirklich schmutzige Hände bekommt man mit einer matschigen Paste aus Zitronensaft und Salz sauber. Lassen Sie die Kinder ihre Hände ein oder zwei Minuten lang gegeneinanderreiben und sie dann mit Seife und Wasser abwaschen.

Filzstiftflecken auf der Kleidung

Lösung: Legen Sie ein Papierhandtuch unter den Fleck. Schütten Sie etwas Alkohol darauf, und tupfen Sie den Fleck mit einem Wattebausch ab. Nehmen Sie zwischendurch ein frisches Papierhandtuch, um die Stiftfarbe aufzusaugen. Empfehlen Sie den Eltern, die Kleidung mit etwas Bleiche und Farbwaschmittel zu waschen.

Temperafarbe auf der Kleidung

Es ist frustrierend, wenn ein Kind sich mit Temperafarbe bekleckert, vor allem, wenn Sie es zuvor von Kopf bis Fuß eingewickelt haben. Und dann sehen Sie es: ein kleiner Farbfleck an einer Stelle, wo man ihn garantiert sieht!

Lösung: Eine Möglichkeit, dem Fleck (außer Rot und Gelb) zu Leibe zu rücken, besteht darin, dass Sie (nicht das Kind!) den Fleck mit Allzweckreiniger besprühen, etwa eine Minute warten und dann mit einem Papierhandtuch

Versuchen Sie das mal!
Eine zweite Chance für alte Kniestrümpfe! Schneiden Sie den Fuß ab, und legen Sie den Rest als Ärmelschoner in die Malecke. Ermuntern Sie die Kinder, andere Kinder um Hilfe beim Anziehen zu bitten.

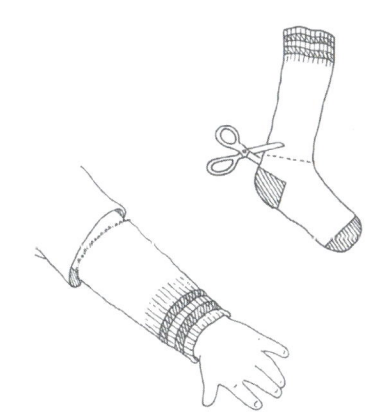

abtupfen. Dann nehmen Sie ein, zwei Tropfen Spülmittel und Wasser und reiben die Mischung mit einem Tuch ein. Eine Alternative sind Dosen mit Fleckentfernerpads für unterwegs. Befolgen Sie die Anweisungen des Herstellers. Kleine Packungsgrößen sind teuer, aber praktisch im Raum zu verteilen.

Kaugummi und Kinderhaar

Lösung: Träufeln Sie ein wenig Pflanzenöl auf einen Lappen, und reiben Sie vorsichtig. Wenn Sie ein wenig Butter zur Hand haben, können Sie auch diese verwenden.

Verstopfter Ausguss

In einem solchen Fall auf den Klempner oder Hausmeister zu warten, dauert meist zu lange. Was ist, wenn Sie das Waschbecken sofort brauchen, weil Sie nasses, klebriges Zeug haben, das Sie nirgendwo sonst entsorgen können? Lernen Sie, den Kampf mit dem Ausguss selbst aufzunehmen.

Lösung: Kaufen Sie zunächst eine Saugglocke, markieren Sie sie als Zubehör aus Ihrer Klasse, und bewahren Sie sie an einem sicheren Ort auf, den andere als Ihre Materialsammlung respektieren. Stopfen Sie drei Aspirin-Tabletten in den Ausguss, und gießen Sie eine Tasse Essig hinterher. Warten Sie fünf bis zehn Minuten, und spülen Sie dann eine oder zwei Minuten lang mit heißem Wasser nach. Wenn das Wasser immer noch nicht abfließt, nehmen Sie die Saugglocke zur Hilfe.

Glasscherben

Glasscherben sind gefährlich. Die kleinen Splitter sind schwer zu erkennen, und Sie können sich nie ganz sicher sein, dass Sie wirklich alle aufgekehrt haben. Was können Sie außer Kehren noch machen? Wischen!

Lösung: Vergewissern Sie sich zunächst, dass alle Kinder sich von dem Bereich fernhalten, in dem das Glas zerbrochen ist. Verlagern Sie nach Möglichkeit alle Materialien in der unmittelbaren Umgebung an andere Orte. Kehren Sie den Bereich vorsichtig aus (nur Sie, nicht die Kinder), sodass Sie die Scherben und Splitter nicht noch weiträumiger verteilen. Machen Sie drei oder vier Papierhandtücher nass, und wischen Sie damit die kleinen Splitter von den Oberflächen ab. Wiederholen Sie das ein- oder zweimal. Wenn Sie einen Staubsauger haben, benutzen Sie ihn als Letztes.

Aufräumzubehör

Die Kinder können Ihnen beim Aufräumen und Saubermachen helfen, vor allem im Anschluss an eine Aufgabe. Binden Sie sie in die täglichen Arbeiten ein. Stellen Sie Werkzeuge und Zubehör zusammen, das die Kinder problemlos benutzen können. Sammeln Sie sie an einer Stelle, die für die Kinder erreichbar ist, ohne fragen zu müssen. Hier finden Sie einige bewährte Tipps für Aufräumzubehör.

Schwamm mit Seife

Machen Sie an der Schmalseite des Schwamms einen Schlitz, und schieben Sie ein Scheibchen Seife hinein. Feuchten Sie den Schwamm an, und legen Sie ihn in einen kleinen Eimer. Die Kinder nehmen den Schwamm, benutzen ihn und legen ihn wieder in den Eimer zurück. Der Schwamm seift sich ganz von alleine ein.

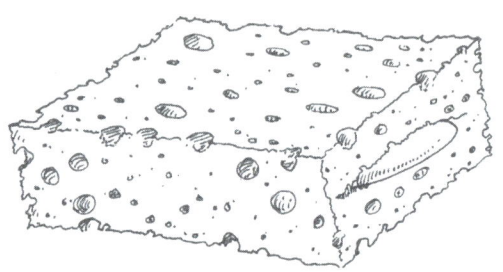

Eimer und Mopp

Kaufen Sie einen Eimer und einen großen Wischmopp aus Baumwolle. Kürzen Sie den Stiel so, dass die Kinder ihn leicht handhaben können. Schleifen Sie die Schnittstelle, damit keine Splitter zurückbleiben. Machen Sie den Mopp jeden Morgen feucht, und stellen Sie ihn in den Eimer. Der feuchte Mopp ist zu schwer für die Kinder, sie können ihn nicht einfach herausheben (was sie aber liebend gern tun würden). Sie können den Eimer jedoch umkippen, den Mopp herausziehen und dort sauber machen, wo es nötig ist. Dann schieben sie ihn in den Eimer zurück und richten den Eimer auf. Vielleicht müssen dabei zwei Kinder gemeinsam anpacken, aber sie bekommen das mit der Zeit gut hin. Diese Aufgabe ist im Übrigen förderlich für die Grobmotorik.

Eimer für Flüssigmüll

Ich bin immer wieder erstaunt, wie nass alles werden kann, wenn ein Kind den kurzen Weg zum Waschbecken zurücklegt. Für Aufgaben, bei denen Flüssigkeiten weggeschüttet werden müssen, brauchen Sie einen Eimer. Ein Kanister aus Plastik funktioniert gut. Schneiden Sie das obere Viertel ab. Schreiben Sie „Flüssiger Müll" darauf, und stellen Sie ihn in der Nähe der Themenecke auf, in der er benötigt wird. Die Kinder können z.B. ihr Malwasser in den Kanister schütten und müssen nicht durch den Raum zum Waschbecken gehen.

Flüssiger Müll

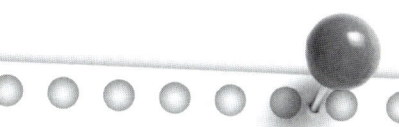

Versuchen Sie das mal!
Wenn ein Kind sich einen Splitter eingerissen hat, der noch halb zu sehen ist, können Sie sich oft mit Klebeband behelfen. Drücken Sie ein kleines Stück Klebeband vorsichtig auf den Splitter, und ziehen Sie das Klebeband ab.

Verkürzter Besen

Kaufen Sie einen Besen und eine Kehrschaufel in Erwachsenengröße. Kürzen Sie den Stiel so, dass die Kinder ihn leicht handhaben können. Schleifen Sie die Schnittstelle, damit keine Splitter zurückbleiben. Nehmen Sie diesen Besen für große Kehraktionen. Für die Kinder hat er genau die richtige Größe, sodass sie solche Aufgaben auch zu zweit erledigen können. Dabei lernen sie die drei „K": Kollaboration, Koordination, Kooperation.

Eimer mit Aufräumzubehör

Nehmen Sie einen Eimer oder einen anderen Plastikbehälter. Legen Sie in jeden Behälter eine kleine Kehrgarnitur, einen Magneten, einen trockenen Lappen, zwei oder drei kurze Socken oder Ärmelschoner und eine Butterbrottüte. Mit dem Magneten können die Kinder schnell alles Metallische vom Boden aufsammeln, die Socken streifen sie sich über und machen damit kleine Pfützen sauber, bevor sie sie wegwerfen. Die Papiertüte ist für „Verlorene Dinge" (schreiben Sie „Wichtige Sachen" darauf). Wenn die Kinder etwas Wertvolles auf dem Boden finden, z.B. ein Puzzlestück, eine Spielfigur oder einen Buchstaben aus dem Alphabet, dann kommt es in die Tüte. Sortieren Sie am Ende eines jeden Tages die Fundstücke in der Tüte. Sie werden staunen, was Sie darin alles finden.

Versuchen Sie das mal!
Flohmärkte sind gute Quellen für Socken – große Tüten voll Socken. Sie sind außerdem billig. Selbst wenn Sie meinen, dass sie schon gewaschen worden sind, sollten Sie sie trotzdem mit Waschmittel und Bleiche in die Maschine geben. Halten Sie in der Schule immer mehrere Paare bereit.

11 Aufräumstrategien

Die Kinder beteiligen!
Die Kinder müssen das Gefühl haben, dass es ihr Klassenraum ist und dass sie darin Spaß haben können. Sie müssen aber auch mithelfen, alles sauber und ordentlich zu halten. Es kann vorkommen, dass Sie sie zum Saubermachen in eine Themenecke schicken, in der sie gar nicht gearbeitet haben. Manche werden protestieren, doch Sie müssen hart bleiben. Besitzerstolz ist ein erworbenes Verhalten. Wir können anfangen, den Kindern diese Tugend nahezubringen und gleichzeitig das Aufräumen leichter zu machen. Hier sind einige Strategievorschläge.

1. Bitten Sie die Kinder, aufzuräumen, während Sie ihnen den Rücken zukehren. Können sie **„auf Zehenspitzen"** aufräumen, ohne dass Sie etwas hören?

2. Stellen Sie eine **3-Minuten-Sanduhr** auf. Kinder finden Sanduhren faszinierend. Ein oder zwei von ihnen stehen meist dabei und sehen zu, wie der Sand von oben nach unten rinnt. Geben Sie ihnen ein paar Minuten Zeit, und schicken Sie sie dann zum Aufräumen.

3. Stoppen Sie die Zeit, die die Kinder zum Aufräumen brauchen. Vergewissern Sie sich, dass die Kinder wissen, dass Sie das tun. Fragen Sie sie, wie lange sie wohl brauchen werden, Klarschiff zu machen. Stellen Sie einen **Kurzzeitmesser auf die geschätzte Zeit** ein. Wenn sie fertig sind, vergleichen Sie die geschätzte mit der tatsächlich gebrauchten Zeit.

4. Veranstalten Sie ein **„Aufräumrennen"** zwischen zwei Mannschaften. Welche ist als erste fertig? Das ist eine laute Angelegenheit, aber sehr effektiv, sofern Sie diese Strategie nicht zu oft einsetzen. Den Kindern jedenfalls macht ein solches Rennen riesigen Spaß!

5. Das Aufräumen findet **stehend, sitzend, kniend, krabbelnd und in der Hocke** statt. Sagen Sie den Kindern, dass sie ihre Körperhaltung beim Arbeiten immer wieder verändern sollen.

6. Verwenden Sie **bunte Aufräumtaschen** aus Geschenkpapier. Legen Sie aus jeder Themenecke mehrere Gegenstände in die Tasche. Schreiben Sie „Aufräumtasche" darauf. Bitten Sie die Kinder, in die Tasche zu greifen, einen Gegenstand auszusuchen und ihn neben die Tasche zu legen. Sie räumen die Themenecke auf, zu der dieser Gegenstand gehört. Wenn sie fertig sind, kommen sie zurück, nehmen einen weiteren Gegenstand aus der Tasche und legen den ersten zurück. So machen sie weiter, bis das ganze Zimmer aufgeräumt ist.

Aufräumtasche

7. Fertigen Sie **Aufräum-Fotokarten** an. Bevor die Kinder morgens zum Unterricht kommen, fotografieren Sie den Raum aus verschiedenen Perspektiven. Machen Sie während der ersten Wochen des Schuljahres Aufnahmen, die die Kinder beim Aufräumen und Saubermachen unterschiedlicher Themenecken zeigen.

Kleben Sie ein oder zwei Fotos auf Pappe. Die Fotos zeigen ein Kind, das eine Ecke aufräumt, oder eine saubere Ecke (mit oder ohne Kind). Der Klassensprecher für den Tag teilt die Karten aus. Jedes Kind bekommt eine. Es geht in die Themenecke, die auf der Karte abgebildet ist, und räumt sie auf. Wenn es fertig ist, bekommt es eine neue Karte, räumt die nächste Ecke auf, bis der ganze Raum sauber ist. Sie brauchen etwa 40 bis 50 Karten, weil die Kinder neue Karten bekommen, wenn sie die, die sie bereits erledigt haben, zurückgeben. Auf diese Weise gehen Ihnen die Karten nicht aus, wenn die Kinder sie schnell zurückbringen.

Tipp

Wenn ein Kind seine Pflicht nicht erledigt, ist die logische Konsequenz, dass es seine Wahlfreiheit einbüßt. Kinder finden es gut, wenn sie auswählen können. Und sie sprechen gut auf sanfte Ermahnungen, Respekt und Freundlichkeit an.

8. Fertigen Sie ein Schild mit der Aufschrift „**Wer trödelt, wird ans Arbeiten gebracht!**". Halten Sie es hoch, wenn Sie Kinder sehen, die so tun, als würden sie aufräumen, während sie eigentlich mit den anderen schwatzen oder spielen. Dies ist eine nicht ganz ernst gemeinte Ermahnung, dass Sie den Kindern Aufgaben zuweisen, wenn sie ihre Pflichten nicht aus eigenem Antrieb erledigen.

Wer trödelt, wird ans Arbeiten gebracht!

9. Bitten Sie die Kinder, sich in **eine Liste zur Themenecke einzutragen**, die sie aufräumen wollen. Kleinere Kinder brauchen dabei Ihre Hilfe. Außerdem kann es passieren, dass viele Kinder ein und dieselbe Ecke aufräumen wollen. Überlegen Sie sich im Vorfeld, was Sie in diesem Fall tun. Sie können die Anzahl der Zeilen, in die die Kinder ihre Namen schreiben können, beschränken oder die Kinder bitten, sich zu Dreier- oder Vierergruppen zusammenzuschließen.

Bausteine
Lotta
Leon
Elias

2

10. Aufräumkappen und -schürzen: Besorgen Sie jedem Kind eine Kappe oder eine Schürze. Sie finden sie in 1-Euro-Läden.
Wenn es Zeit zum Aufräumen ist, lassen Sie sie ihre Kappe oder Schürze anziehen und sich als „Klassen-Aufräum-Team" an die Arbeit machen. Schürzen können Sie auch aus Geschirrtüchern anfertigen (siehe Seite 97).

11. Lassen Sie beim Aufräumen **Musik spielen**. Ohne Musikbegleitung kann es den Kindern vorkommen, als zöge sich die Arbeit endlos in die Länge. Suchen Sie beliebte Lieder aus, aber sorgen Sie auch für Abwechslung. Hier ist ein Vers, den Sie zu einer selbsterdachten Melodie singen können, während Sie aufräumen:

Wenn es Zeit ist, räumen wir, räumen wir, räumen wir,
wenn es Zeit ist, räumen wir, räumen wir, räumen wir
alles weg an seinen Fleck.
Alle Bücher räumen wir, räumen wir, räumen wir,
alle Bücher räumen wir, räumen wir, räumen wir
ratzfatz an ihren Platz.

Statt der Bücher setzen Sie das ein, was gerade aufgeräumt wird: Farben, Stifte, Bausteine.

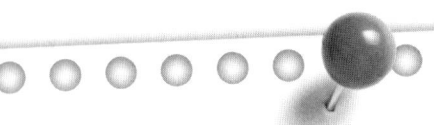

Tipp

Gehirnforschungen haben ergeben, dass das Singen Endorphine im Gehirn freisetzt. Diese regen die Kinder an, eine positivere Haltung sich selbst und Aufgaben gegenüber einzunehmen, die sie nicht gerne ausführen, wie z.B. das Aufräumen. Singen ist gut, auch wenn Sie meinen, dass Sie gar nicht singen können. Den Kindern macht es immer Spaß, mit Ihnen zu singen.

Hilfreiche Aufräumhinweise

Aufräumen und Saubermachen gehören zum täglichen Leben. Die Kinder können einen Teil der Verantwortung übernehmen und die Ergebnisse mit Stolz betrachten. Hier sind ein paar Ideen, wie Sie Ihr Klassenzimmer leichter aufgeräumt bekommen.

Wenn Sie die Arbeitsbereiche anders anordnen, machen Sie Fotos, bevor die Kinder zum Unterricht kommen. Hängen Sie sie an einer zentralen Stelle aus, sodass die Kinder sehen können, was wohin kommt, z.B. Putzzeug, Hefte, Karten und Mappen.

▶ Befestigen Sie Umrisszeichnungen des Materials auf den Regalen, sodass die Kinder beim Aufräumen vergleichen können, welche Steine wohin gehören.

▶ Schaffen Sie einen besonderen Ort für so viele Gegenstände wie möglich. Auf diese Weise entsteht nicht so viel Verwirrung, was wo eingeräumt werden soll, und die Unordnung bleibt unter Kontrolle.

So, und was kommt nun? Unterbrechungen. Die Art und Weise, wie Sie mit jeglichen Unterbrechungen konsequent umgehen, hilft den Kindern, sich immer sicherer und selbstbewusster an Regeln zu halten. Lesen Sie im 3. Kapitel, wie sie vielleicht schon im Vorfeld Unterbrechungen vermeiden können.

Kapitel 3

Unterbrechungen

Die Aufmerksamkeit einer Gruppe kleiner Kinder auf sich zu lenken ist gar nicht so einfach. Noch schwieriger ist es, nach einer Unterbrechung die Aufmerksamkeit einer Gruppe wiederzugewinnen. Lehrer müssen den Schülern klarmachen, dass sie sich im Laufe eines Tages nicht ständig mit Unterbrechungen beschäftigen können. Gleichzeitig müssen sie sich der Herausforderung stellen, das Selbstwertgefühl der Kinder zu bewahren und sich ihren wichtigen Bedürfnissen zuzuwenden. Es ist nicht einfach, die richtige Balance zu finden. Auf der einen Seite sind kleine Kinder verletzlich, und Lehrer wollen ihnen helfen. Auf der anderen Seite müssen die Kinder sich Geduld, Flexibilität und Toleranz den Bedürfnissen anderer gegenüber angewöhnen.

Jeder Lehrer in der Anfangsstufe muss Kinder ermuntern, selbst nach Lösungen zu suchen und sich andere verfügbare Ressourcen zu Nutze zu machen, wie z.B. ihre Mitschüler. Sie können von den Erfahrungen ihrer Mitschüler profitieren. Kinder haben die bemerkenswerte Fähigkeit, Dilemmata und Probleme von Mitschülern zu verstehen und sie angemessen zu lösen. In vielen Situationen, in denen sich ein anderes Kind wiederfinden mag, sind sie ehrlich, aber auch mitfühlend.

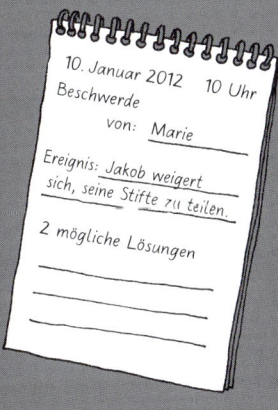

10. Januar 2012   10 Uhr
Beschwerde
      von: Marie

Ereignis: Jakob weigert
sich, seine Stifte zu teilen.

2 mögliche Lösungen

Beschwerdebuch

Unterbrechungen vermeiden

Unterbrechungen lenken vom Inhalt und vom Zusammenhang ab.
Hier finden Sie einige Vorschläge, mit welchen Strategien man Verhalten
positiv beeinflussen kann. Variieren Sie Ihre Herangehensweise,
damit sich die Kinder nicht an eine bestimmte Strategie gewöhnen.

Tipp
Unterbrechungen wegen eines
Notfalls in der Klasse sind etwas ganz anderes. Halten Sie
sich in solchen Situationen an
die Regeln Ihrer Schule.

Beschwerdebuch

10. Januar 2012   10 Uhr

Beschwerde
von: Marie

Ereignis: Jakob weigert
sich, seine Stifte zu teilen.

2 mögliche Lösungen

Beschwerdebuch

Richten Sie ein Notizbuch ein, in das die Kinder ihre Beschwerden schreiben
können. Erklären Sie ihnen, dass Erwachsene oftmals ein Beschwerdefor-
mular ausfüllen, wenn sie in einem Geschäft mit irgendetwas nicht zufrie-
den sind. Sagen Sie ihnen, dass sie ihre Beschwerden in das Buch schreiben
können, so wie es ihre Eltern im Kaufhaus auch machen würden. Die Kinder
verfassen diese Beschwerden selbst, in eigener oder abgeänderter Schrift.
Bitten Sie sie, das Datum und die Zeit zu notieren, ihren Namen, eine Schilderung des Ereignisses und zwei Vorschläge, wie sie die Situation lösen
würden.

Schreiben Sie diese Anweisungen auf die Innenseite des Beschwerdebuches. Achten Sie darauf, wer dort etwas einträgt. Mit etwas Übung bleibt
das Buch in den ersten sechs bis acht Wochen des neuen Schuljahres immer
in Ihrem Blickfeld. Auf diese Weise wissen Sie, wer die Einträge geschrieben
hat, die Sie nicht lesen können. Wenn Sie sehen, wie ein Kind in das Buch
schreibt, merken Sie sich, mit wem Sie sich über diese „Beschwerde" unterhalten sollten.

Sprechen Sie mit dem Kind über Möglichkeiten, das Problem zu lösen. Wenn
Sie z.B. eine kleine Gruppe unterrichten und sehen, dass ein Kind etwas in
das Buch schreibt, nehmen Sie dieses Kind nach Möglichkeit zur Seite, und
sagen Sie: „Erzähl mir von dem, was du in das Beschwerdebuch geschrieben
hast." Besprechen Sie das Problem, und schlagen Sie zwei Lösungen vor. Sie
könnten dem Kind mit auf den Weg geben: „Wenn das noch einmal passiert,
probiere die erste Lösung aus, die wir besprochen haben."

Gehen Sie später noch einmal auf das Kind zu, und fragen Sie, ob die erste
Lösung funktioniert hat. Wenn nicht, bringen Sie die zweite Lösung ins Spiel.
Falls nötig, sprechen Sie noch einmal mit dem Kind, um zwei weitere Lösungen
herauszuarbeiten, falls die ersten beiden nicht funktioniert haben.
In meiner Klasse führte der Einsatz des Beschwerdebuches dazu, dass die
Kinder irgendwann keine Lust mehr hatten, Probleme und Lösungen über den

Umweg des Buches zu diskutieren. Sie hatten wichtigere Sachen zu tun. Sie fingen an, ihre Probleme selbst zu lösen, ohne sie zuvor im Buch notiert zu haben.

Achten Sie in den ersten sechs bis acht Wochen des Schuljahres genau auf das Beschwerdebuch. Die Kinder werden schon bald nicht mehr so viel hineinschreiben, aber das, was sie notieren, ist gravierender. Der Einsatz des Buches bringt Kinder dazu, viele ihrer Probleme selbst zu lösen, indem sie Fertigkeiten einsetzen, die sie sich im Laufe der Zeit angeeignet haben, oder indem sie beobachten, wie andere Kinder erfolgreich interagieren. Oftmals löst ein Kind ein Problem ganz allein und wendet sich dann der nächsten interessanten Sache zu.

„Frage erst drei"

Meine Erfahrungen im Unterricht stellten mich irgendwann vor die Frage, wie ich den Bitten um sofortige Hilfestellung nachkommen sollte, die mir aus den vier Ecken des Klassenzimmers entgegenschallten. Kinder können auch Probleme lösen, dachte ich. Daraus ergaben sich zwei nützliche Ansätze: „Frage erst drei" und „Lernfreunde".

„Frage erst drei" ist eine Regel, nach der ein Kind zunächst bei drei Klassenkameraden Hilfe suchen muss, bevor es sich an mich wendet, siehe auch unten „Lernfreund".

„Lernfreund"

Das Kind, das um Hilfe gefragt wird, wird zum „Lernfreund". Schreiben Sie die Namen der Kinder auf große Bastelhölzer. Stellen Sie jeden Montagmorgen Lernpaare zusammen. Überlegen Sie sich die Zusammenstellungen gut, damit die Zusammenarbeit erfolgreich verläuft.

Wenn ein Kind ein Problem hat, das sich weder von drei Mitschülern (siehe oben „Frage erst drei") noch vom Lernfreund gelöst werden kann, helfen Sie ihm, wenn Sie gerade die Möglichkeit haben. Wenn Sie keine Zeit haben, weil Sie anderweitig gefordert sind, sagen Sie dem Kind, dass es das Problem beiseitelegen soll, bis Sie sich darum kümmern können.

Ampeltücher

Kaufen Sie sich farbige Halstücher, ein rotes und ein grünes. (Stoffstücke in der passenden Größe tuns auch!) Wenn Sie „offen" für Unterbrechungen sind, binden Sie sich das grüne Tuch um. Wenn Sie das rote Tuch tragen, haben Sie „geschlossen". Das bedeutet: Keine Unterbrechungen!

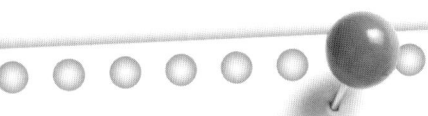

Tipp

Sorgen Sie dafür, dass die Kinder sich gleichmäßig im Klassenzimmer verteilen, indem Sie in jeder Themenecke interessantes Material bereitstellen. Die Kinder auf diese Weise zu verteilen wirkt sich positiv auf das Konfliktpotenzial in der Klasse aus. Manche Kinder werden feststellen, dass sie die weniger beliebten Materialien ganz interessant finden, nachdem sie sie einmal ausprobiert haben.

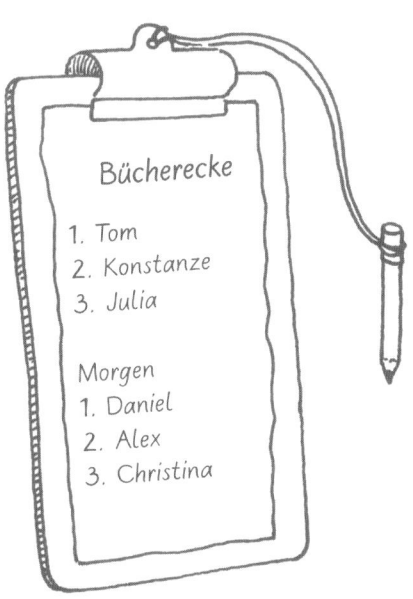

„Auf"- und „Zu"-Schilder

Eine andere Möglichkeit, das Verhalten der Kinder zu beeinflussen, ist ein freistehendes Schild. Auf der Vorderseite steht „Auf", auf der Rückseite „Zu". Wenn Sie „geöffnet" haben und helfen können, drehen Sie das Schild mit der Vorderseite zur Klasse. Wenn Sie beschäftigt sind, zeigen Sie ihnen die Rückseite. Dann wissen die Kinder, dass das kein guter Zeitpunkt ist, um Hilfe zu erbitten. Achten Sie darauf, dass Sie die meiste Zeit des Tages „Auf" haben.

Wenn ein Kind die Schilder ignoriert und trotzdem zu ihnen kommt, sagen Sie: „Jetzt ist kein guter Zeitpunkt. Sieh doch bitte, ob dir ein Freund helfen kann. Ich helfe dir, sobald ich Zeit habe." Wenn das Kind sich nicht an Ihre Anweisungen hält, ignorieren Sie es, bis Sie ihm helfen können. Es ist wichtig, dass die Kinder zu Beginn des Schuljahres lernen, dass Sie meinen, was Sie sagen. Halten Sie sich an das, was Sie den Kindern sagen, und Ihr Unterricht wird problemlos ablaufen.

Warteliste

Eine beliebte Aufgabe ist wie ein Magnet – alle Kinder wollen sich dort zur gleichen Zeit beschäftigen. In diesem Fall kann eine Warteliste auf einem Klemmbrett helfen. Nummerieren Sie die Zeilen, und bitten Sie die Kinder, sich einzutragen. Wenn ein Kind fertig ist, streicht es seinen Namen von der Liste und gibt dem nächsten Kind auf der Liste Bescheid. Wartelisten reduzieren die Wahrscheinlichkeit von Unterbrechungen – und von Streitigkeiten unter den Kindern. Die Warteliste bedeutet auch, dass die Kinder nicht herumlungern müssen, bis sie eine Chance wittern, an die Reihe zu kommen. Die Wahrscheinlichkeit von Konflikten wird auf diese Weise ebenso verringert oder ganz ausgeschaltet. Die Kinder können ihren Namen in Standard- oder Fantasieschrift eintragen – Sie werden staunen, wie schnell kleine Kinder lernen, den Namen anderer Kinder zu lesen, auch wenn Schrift und Schreibweise erfunden sind. Wenn das nicht funktioniert, geben Sie den Kindern laminierte Namens- oder Bildkarten, die sie auf die Liste setzen können.

Anweisungen in Bildern

Bebilderte Anweisungen sind gut geeignet, die Anzahl der Unterbrechungen zu reduzieren. Zeichnen Sie Schritt-für-Schritt-Anleitungen, die Kindern helfen, eine Aufgabe ohne Hilfe von außen durchzuführen. Dadurch werden sie selbstständiger.

Nachfolgend vier Beispiele:

Arbeit mit einem Thermometer

warmes Wasser   Eiswasser   warmes Wasser   Eiswasser

1. Stecke das Thermometer in das warme Wasser. Was passiert?

2. Stecke das Thermometer in das Eiswasser. Was passiert?

Wollknäueldruck

Du brauchst:

Wollknäuel   Papier

zweigeteilte Schale mit Farbe

1. Tauche das Wollknäuel in die Farbe.

2. Drucke mit dem Wollknäuel auf das Papier.

Schmelzendes Eis

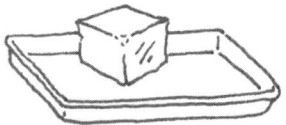 

1. Lege das Eis in eine Schale.   2. Warte eine Stunde.

3. Sieh dir das Eis an.   4. Was siehst du?

Winterwörterkiste

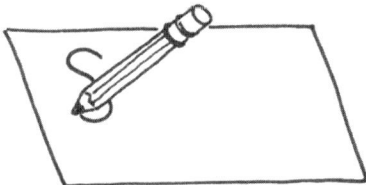

1. Suche dir ein Winterwort aus.   2. Schreibe das Winterwort auf.

Bandaufnahmen

Wenn die Kinder in Ihrer Klasse ein Problem haben und Sie nicht sofort helfen können, bitten Sie sie, ihre Schilderung der Probleme auf Band zu sprechen und auch zu sagen, wie sie sich eine Lösung vorstellen. Sie können sich die Aufnahmen später mit den einzelnen Kindern anhören und die Lösungsvorschläge diskutieren. Manchmal trägt es schon zum Frustrationsabbau der Kinder bei, wenn sie ihre Probleme auf Band aufnehmen.

Eine Tüte voller Sorgen

Legen Sie einen Stapel Butterbrottüten aus Pergamentpapier neben einen Abfalleimer. Wenn ein Kind frustriert ist, sagen Sie ihm, dass es seinen Ärger in eine Tüte packen, die Tüte zerknüllen und wegwerfen soll.

Gelegentliche Unterbrechungen lassen sich nicht völlig ausschließen, aber mit diesen Strategien können Sie sie reduzieren.
Und was kommt nun? Geld sparen. Also, nehmen Sie Ihre Geldbörse fest in die Hand, und blättern Sie um. Auf zur Einkaufstour!

Kapitel 4

Geld sparen

Lehrer suchen immer nach Wegen, wie sie Geld sparen können. Es gibt nur wenige, die genug Geld für wesentliche Materialien und Ausstattungsgegenstände haben, vor allem, wenn sich leere Kassen und lange Listen mit Anschaffungswünschen gegenüberstehen. Geld zu sparen ist vor allem für Berufseinsteiger in der Anfangsphase der Grundschule wichtig. Sie suchen nach Möglichkeiten, ihre Klassen mit allem Notwendigen auszustatten, ohne sich dabei finanziell zu ruinieren. Preiswerte Materialien zu verwenden hilft Ihnen, Geld für spezielle Anschaffungen zu sparen, und bedeutet, dass Sie nicht so viel aus eigener Tasche bezahlen müssen.

Die Ideen in diesem Kapitel konzentrieren sich auf zehn preiswerte, gebräuchliche Materialien für die Klasse. Zu jedem Material gibt es mehrere Ideen für ihren kreativen Einsatz. Sie kennen diese Materialien sicherlich, aber wahrscheinlich haben Sie noch nie daran gedacht, sie auf diese Weise einzusetzen.

Die zehn Materialien, um die es hier geht, sind: Papierrollen für Tischrechner, große Bastelhölzer, Reste von (Laminier-)Folie, leere Toilettenpapierrollen, Muffinformen, Utensilos aus klarem Plastik, Waschmittelbehälter und -deckel aus Plastik, Döschen und Gläser sowie Platzsets. Dieses und anderes bezahlbare Zubehör für die Klasse finden Sie in 1-Euro-Läden, bei Party-, Büro- und Schulausstattern.

Tipp
Erfahrene Lehrer finden oft ein einfaches Material, das funktioniert, und nutzen es dann immer wieder.

Schmale Papierstreifen

Schmale Papierrollen bzw. -streifen wie z.B. aus Kassen können zu einem wichtigen Arbeitsmittel einer Klasse werden. Es gibt sie in unterschiedlichen Packungsgrößen, z.B. in Fünferpacks. Eine gängige Breite ist 57 mm, mit 40 m Papier. Damit müssten Sie ziemlich weit kommen. Probieren Sie diese Ideen mit Papierrollen aus.

Alles über mich

Geben Sie jedem Kind eine eigene Papierrolle und ein Gummiband. Legen Sie alle Rollen in einen Korb. Die Kinder schreiben im Laufe des Jahres Geschichten darauf. Ältere Kinder schreiben Sachen wie „Ich habe … Augen", „Ich habe einen Hund mit Namen …", „Ich esse gerne …", „Ich lebe in …". Sie könnten auch etwas aufschreiben oder -zeichnen, das sie am Tag gesehen oder gelernt haben.

Wenn ein Kind mit seiner Papierrolle fertig ist, rollt es sie auf, sichert sie mit einem Gummiband und legt sie in den Korb zurück. Legen Sie jede Rolle in eine wiederverschließbare Plastiktüte mit dem Namen des Kindes darauf.

Tipp

Lange Geschichten, die ältere Kinder auf Papierrollen schreiben, verwandeln sich in „geheime Schriftrollen".

Letzte Nacht träumte ich

Stirnbänder

Basteln Sie Stirnbänder, die Sie beim Geschichtenerzählen einsetzen können. Kleben Sie Fotokopien von Tieren oder Figuren aus Geschichten auf die Stirnbänder. Passen Sie sie an die Köpfe der Kinder an, und befestigen Sie die Enden mit Klebeband. Die Kinder setzen sie sich auf, um Figuren aus Geschichten und Theaterstücken darzustellen. Wenn die Kinder szenisch umsetzen, was sie lernen, behalten sie die Informationen leichter, als wenn sie davon lesen oder hören.

Zeitschiene

Machen Sie eine Zeitschiene, um die Anzahl der Tage (oder Stunden, Minuten oder Versuche) festzuhalten, die ein Kind braucht, um ein Projekt fertigzustellen. Sie können auch Änderungen darauf verzeichnen oder Ereignisse festhalten.

Messen

Verwenden Sie die Papierrollen wie nicht standardisierte Maßbänder. Die Kinder können gegenseitig messen, wie groß sie sind oder wie dick ein Ball oder wie breit ein Tisch ist. Wenn sie das Papier an der entsprechenden Stelle abreißen oder mit einer stumpfen Schere abschneiden, können sie vergleichen, wie lang die Stücke jeweils sind.

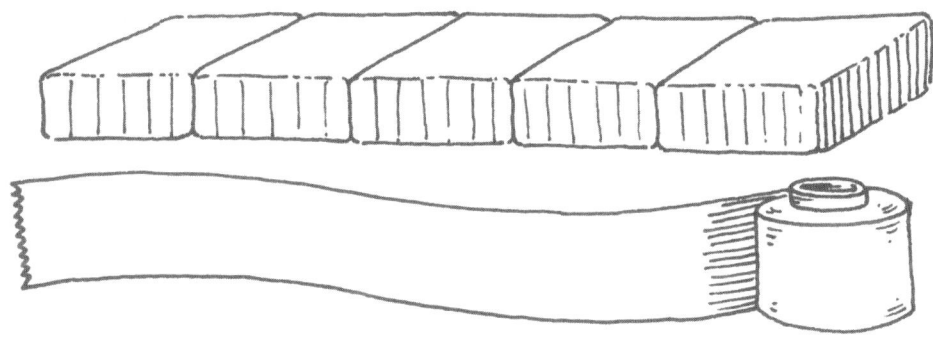

Wenn Kinder in der Lage sind, die Frage „Was ist länger, breiter, höher?" zu beantworten, können sie Standardmaße wie Zentimeter benutzen, um die Papierstreifen auszumessen. Der Übergang von nicht standardisierten zu standardisierten Maßen stellt eine Erhöhung des Schwierigkeitsgrades dar. Sie können die Arbeit mit Papierrollen verändern, indem Sie dem Kind unterschiedliche Aufgaben stellen. Wenn Sie Ihren Unterricht so flexibel gestalten, müssen Sie weniger Geld für spezielle Lernmittel ausgeben, um die verschiedenen Lerngruppen in Ihrer Klasse mit angemessenem Material zu versorgen. Sie können schnelle Lerner herausfordern und zugleich den langsameren Lernern gerecht werden.

Große Bastelhölzer

Bastelhölzer sind nicht teuer und leicht zu beschaffen. Beginnen Sie das Schuljahr mit drei 1000er-Kisten, das müsste normalerweise für das ganze Jahr reichen. Hier sind einige Dinge, die Sie damit machen können.

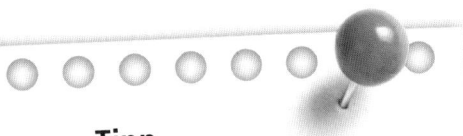

Tipp

Behalten Sie die Kinder im Auge, wenn Sie Paare gebildet haben. Im Laufe der Zeit werden Sie herausfinden, welches die besten Pärchen zum Lernen sind.

Lernfreunde

Ein Lernfreund ist ein Kind, an das sich ein anderes Kind mit einem Problem wenden kann. Schreiben Sie die Namen der Kinder auf Bastelhölzer. Stellen Sie sie in eine stabile Dose mit der Aufschrift „Lernfreunde". Suchen Sie jeden Montag Kinderpaare aus, die für die kommende Woche Lernfreunde sein sollen. In der folgenden Woche mischen Sie die Stäbe und suchen neue Paare aus.

Alphabet-Spiel

Schreiben Sie die 29 Buchstaben des Alphabets (inklusive Umlaute) in Groß- und Kleinbuchstaben auf Bastelhölzer. Lassen Sie die Kinder z.B. das große und das kleine B zuordnen.

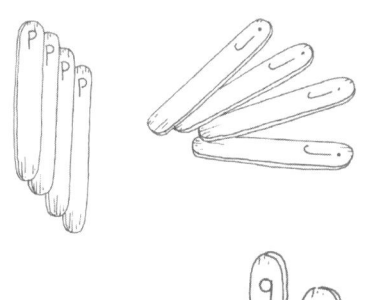

Buchstaben sortieren

Schreiben Sie die fünf kleinen Buchstaben, die „nach unten" zeigen (p, j, g, q und y), auf vier Sets von Bastelhölzern. Sie haben am Ende also 20 Hölzer. Bitten Sie Viergruppen von Kindern, sie zuzuordnen. Diese Buchstaben in einer Gruppe zu unterrichten kann Kindern helfen, zu lernen, dass diese fünf Buchstaben die einzigen im Alphabet sind, die unter die Linie geraten.

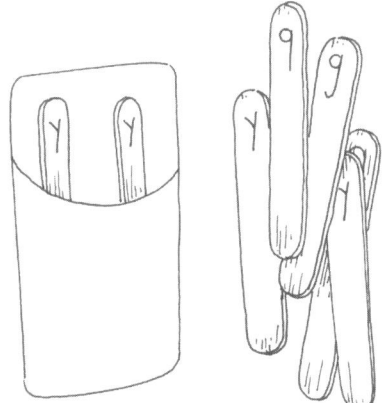

Geldhölzer

Vergrößern Sie echte Münzen auf dem Kopierer (1, 2 Euro, 50, 20, 10, 5, 2, 1 Cent). Machen Sie sie so groß, dass alle Kinder in einer Gruppe sie sehen können. Kleben Sie die Kopien an Bastelhölzer. Stellen Sie so viele Hölzer her, dass jedes Kind in der Klasse eines bekommt. Wenn Sie mit ihnen die Münzen durchnehmen, nennen Sie einen Münzwert. Die Kinder heben nun die richtigen Hölzer hoch. Wenn Sie mit ihnen am Thema „Wechselgeld" arbeiten, bitten Sie erst ein Kind mit einem 5-Cent-Holz und dann fünf Kinder mit 1-Cent-Hölzern, aufzustehen. Erklären Sie ihnen, dass ein 5-Cent-Stück so viel wert ist wie 5 einzelne Centstücke.

Geschichtenhölzer

Schreiben Sie Schlüsselwörter aus einer Geschichte oder zu einem bestimmten Thema auf Bastelhölzer. Das sind Wörter, die die Kinder sich merken und die sie lernen sollen. Sie knüpfen sowohl an das Thema oder die Geschichte als auch an die alltäglichen Erfahrungen der Kinder an. Beschriften Sie einen stabilen Behälter mit dem Titel der Geschichte oder einem Hinweis auf das Thema, und stellen Sie die Hölzer in den entsprechenden Behälter. Schreiben Sie also z.B. „Rotkäppchen" auf den Behälter, und beschriften Sie die Hölzer mit Wörtern wie „Wald", „Wolf", „Großmutter" oder „Haus". Wenn es um Äpfel geht, schreiben Sie „Apfelwörter" auf den Behälter und nehmen Wörter wie „Apfelmus", „Apfelbaum" oder „Apfelsaft", aber auch „Samen" und „Apfelkerne" für die Hölzer.

Tipp
Ein Bild + ein Holzstab =
eine Stabpuppe.

Versuchen Sie das mal!
Bastelhölzer als Lesehilfe:
In einem gedruckten Text
helfen sie den Kindern,
Zeile für Zeile den Überblick
zu behalten.

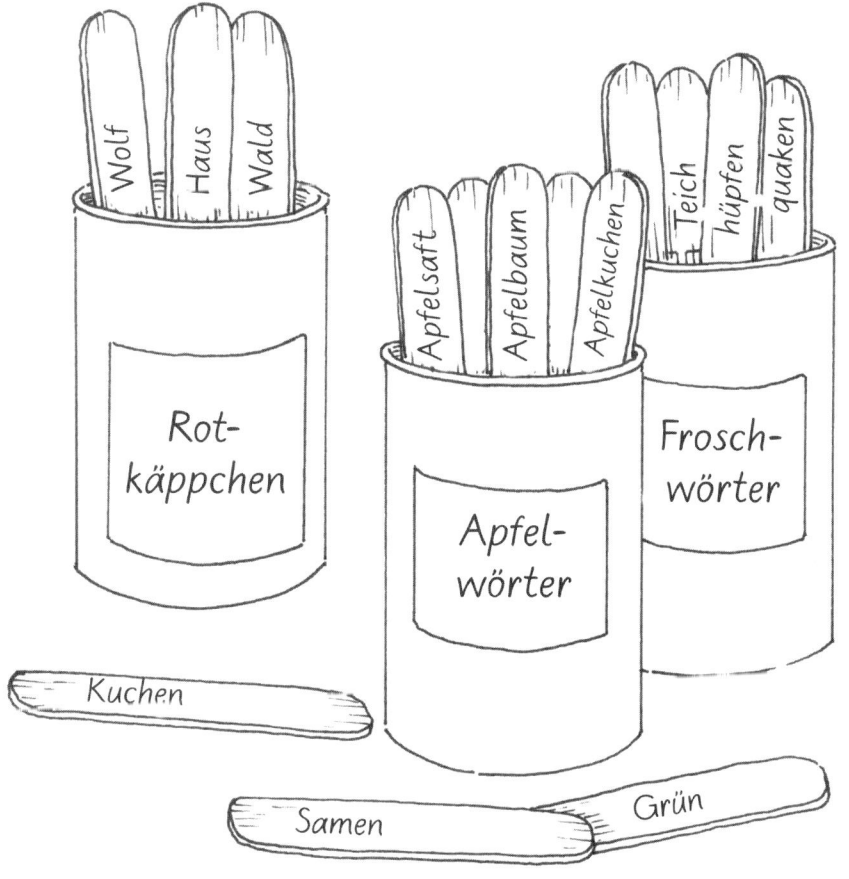

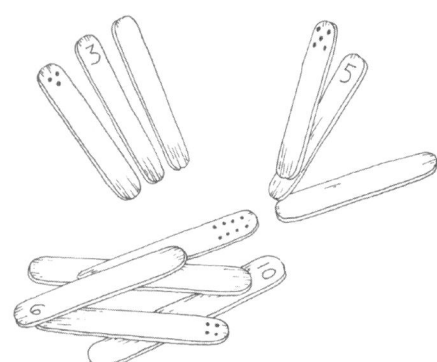

Zahlen und Zahlwörter

Schreiben Sie auf eine Gruppe von Bastelhölzern die Zahlen, die Sie im Unterricht behandeln wollen, z.B. die Zahlen von 1 bis 10. Auf eine zweite Gruppe von Hölzern schreiben Sie die entsprechenden Zahlwörter: eins, zwei, drei usw. Auf eine dritte Gruppe von Hölzern malen Sie Punkte, die zu den Zahlen und Zahlwörtern passen. Die Kinder ordnen Zahlen, Zahlwörter und Punkte einander zu, z.B. „6", „sechs" und „:::" usw. Sie können die Beschriftung auch farbig markieren, sodass die Kinder sich selbst kontrollieren können. „6", „sechs" und „:::" könnten z.B. alle in Rot sein.

Puzzles aus Bastelhölzern

Legen Sie ein paar Bastelhölzer Seite an Seite auf den Tisch, und halten Sie sie mit zwei quer über alle Hölzer verlaufenden Klebestreifen fest. Malen Sie ein Bild auf die andere Seite. Wenn Sie den Klebestreifen entfernen, können die Kinder die Hölzer wie ein Puzzle zusammensetzen.

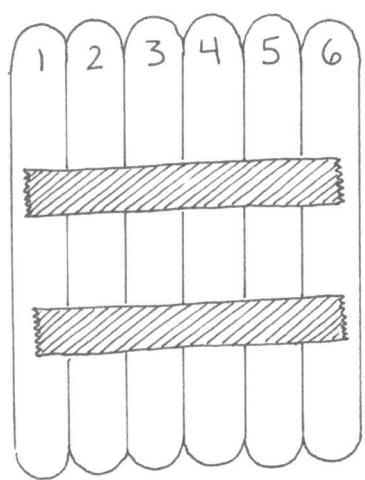

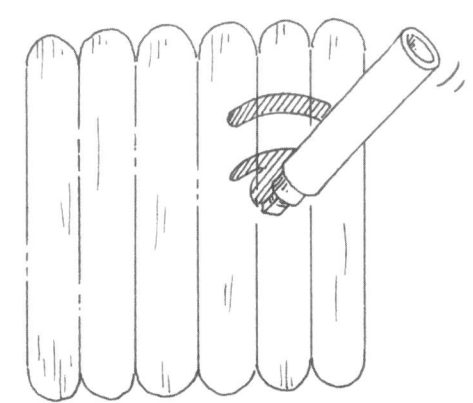

Reste von (Laminier-)Folien

Laminierfolie wegzuwerfen fand ich immer sehr schade, daher habe ich mir überlegt, was man mit den Resten noch anstellen kann. Und das Überlegen hat sich gelohnt! Zunächst habe ich die Reste in einem Karton mit meinem Namen gesammelt, den ich neben der Laminiermaschine im Lehrerzimmer aufgestellt habe. Alle Kollegen wussten, dass ich Interesse an den Folienresten habe, und haben fleißig mitgesammelt. Versuchen Sie es mal mit diesem Sammelkarton, und probieren Sie dann die Ideen aus, die ich Ihnen hier vorstelle.

Kunst mit Laminierfolie

Bemalen Sie die Folie mit Permanent-Markern, und hängen Sie sie ins Fenster. Die Wirkung ist spektakulär!

Flatterbänder

Schneiden Sie 5 cm breite und 90 cm lange Streifen aus Folie (z.B. Bucheinbandfolie) zu. Nehmen Sie einen Draht(-kleiderbügel), und biegen Sie daraus einen Kreis. Schlingen Sie die Folienstreifen mit einem Ende um den Draht, und befestigen Sie sie mit Klebeband. Drücken Sie die Drahtenden mit einer Zange zusammen, sodass ein Griff entsteht, und umwickeln Sie ihn mit Klebeband. Wenn die Flatterer fertig sind, stellen Sie die Musik an und lassen die Kinder tanzen und flattern.

Unsichtbare Sachen suchen

Sammeln Sie kleine Laminierfolienreste. Wenn Sie größere Stücke haben, zerschneiden Sie sie. Füllen Sie sie in eine große flache Schale (z.B. eine Fotoschale oder eine Wanne mit hohem Rand). Sie werden eine Menge davon brauchen! Gießen Sie kein Wasser dazu – der Aufwand, alles wieder sauber und trocken zu machen, wäre zu groß.

4

Legen Sie andere transparente Sachen zwischen die Schnipsel, z.B. Döschen, kleine Plastikflaschen, Flaschendeckel, Knöpfe, Schuhschnallen aus
Plastik, Pipetten, Haarspangen, Gummitiere, Duschvorhangringe und
Lebensmittelverpackungen. Aber achten Sie darauf, dass darunter keine
spitzen oder scharfkantigen Gegenstände sind.

Bei dieser Aufgabe trainieren die Kinder ihre Feinmotorik auf spielerische
Weise. Sie tasten nach Gegenständen unter der Oberfläche der Folien-
schnipsel, erfahren etwas über die Eigenschaften der Gegenstände und
raten, wie die Form aussehen mag. Das Gehirn macht sich ein Bild von den
Gegenständen, bevor das Auge sie tatsächlich wahrnimmt und die Finger
sie aus dem Schnipselmeer gezogen haben. Da haben die jungen Köpfe viel
zu tun! Fragen Sie die Kinder, was sie meinen, in der Hand zu halten, bevor
sie es hervorholen.

Folientaschen

Mit Laminierfolien können Sie den Kindern praktische Folientaschen basteln, die sie über Vorlagen in Lese- und Schreibheften schieben. Auf den
Folien können sie nach Herzenslust Buchstaben, Formen oder Wörter
einkreisen, unterstreichen, nachmalen oder ergänzen.
Schneiden Sie zwei gleich große Stücke aus Laminierfolie zu, die ein wenig
größer sind als die Buchseiten, für die Sie sie brauchen. Legen Sie die Folienstücke mit etwa 3 mm Abstand hochkant nebeneinander. Überkleben Sie
den Abstand mit Klebeband, das die Folien zusammenhält. Falten Sie die
Folien am Klebeband aufeinander. Schieben Sie die Buchseite so zwischen
die Folien, dass das Klebeband jeweils an der Außenkante der Seite liegt.
Zum Schreiben, Malen oder Unterstreichen verwenden die Kinder wasser-
lösliche Folienstifte. Wenn sie mit ihrer Aufgabe fertig sind, wischen sie ihre
Markierungen mit Reinigungspads ab, die Sie in Plastikdosen vorbereitet
haben (siehe Seite 16 f.).

1.

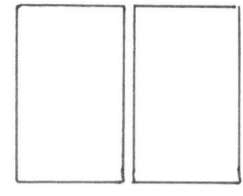

2 Folienstücke

2.

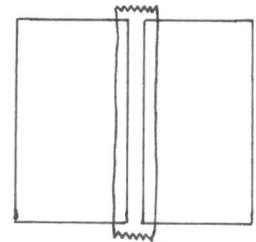

3 mm Abstand mit
Klebeband befestigen

3.

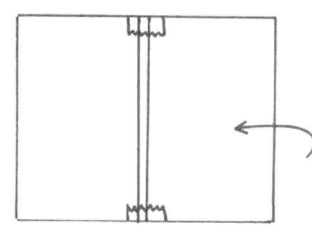

umdrehen, über dem
Klebeband zusammen-
falten

4.

schließen

5.

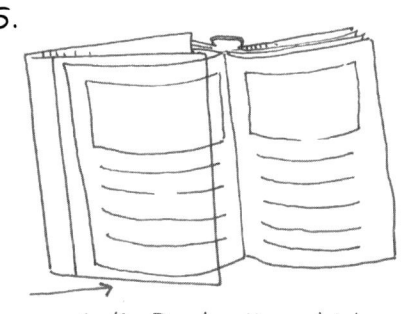

auf die Buchseite schieben

6.

Folie bedeckt die Seite

7.

Finde das Wort „der".

Folien für große Bücher

Basteln Sie große, transparente Tafeln, die die Kinder für großformatige Bücher verwenden können. Es gibt zwei Möglichkeiten:

◗ Nehmen Sie Overheadfolien. Befestigen Sie sie mit einer Wäscheklammer über den Seiten, die die Kinder gerade lesen. Sie können darauf schreiben, Wörter unterstreichen und in einem Text bestimmte Wörter suchen. Dazu verwenden sie einen Folienstift. Nach 12 bis 15 Anwendungen sind die Folien nicht mehr brauchbar und müssen ersetzt werden.

◗ Schneiden Sie ein Stück Bastelkarton in der Größe einer großformatigen Buchseite zu. Schneiden Sie aus der Mitte ein Rechteck aus, sodass am Rand ein etwa 5 cm breiter Rahmen bleibt. Schneiden Sie ein Stück Folie zurecht, das etwas kleiner ist als der äußere Rahmen, und befestigen Sie es mit Klebeband auf der Rückseite des Rahmens. Klemmen Sie ihn mit Wäscheklammern über die großformatige Seite, mit der die Kinder arbeiten sollen. Wenn sie ihre Aufgabe erledigt haben, wischen sie ihre Markierungen mit Reinigungspads ab, die Sie in Plastikdosen vorbereitet haben (siehe Seite 16 f.).

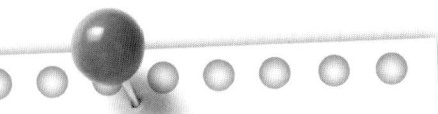

Versuchen Sie das mal!

Reste von Folien sind der ideale Schutz für Tische und Staffeleien, damit Kleber, Farben und andere klecksige und klebrige Sachen keine bleibenden Schäden mehr anrichten. Folien sind allerdings sehr rutschig, legen Sie sie also nicht auf den Boden. Im Malbereich können Sie Duschvorhänge oder Wachstuch als „Bodenschutz" ankleben.

Rahmen aus
Bastelkarton
zuschneiden

Folie auf die Rückseite
kleben

großes Buch

Leere Toilettenpapierrollen

Leere Toilettenpapierrollen sind ein leicht verfügbares Material. Bitten Sie die Eltern der Kinder um Spenden! Sie bekommen mit Sicherheit einen großen Vorrat zusammen. Hier sind ein paar Ideen, was Sie damit machen können.

Windspiel

Schneiden Sie aus Seidenpapier 3 x 30 cm lange Streifen zu, oder kaufen Sie ein paar Rollen Luftschlangen. Kleben Sie die Streifen von außen um ein Ende einer leeren Toilettenpapierrolle, und lassen Sie sie über das andere Ende hinaus frei baumeln. Mit einem Locher machen Sie an dem Ende, an dem Sie die Streifen angeklebt haben, zwei Löcher. Platzieren Sie sie so, dass sie sich annähernd gegenüberliegen. Fädeln Sie eine 60 cm lange Schnur durch die Löcher, und verknoten Sie die Enden. Hängen Sie das Windspiel in einen Baum, und lassen Sie den Wind damit spielen.

Buchstaben- oder Zahlenspiel

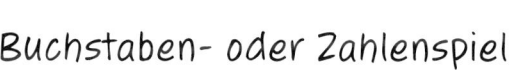

Zerschneiden Sie die Toilettenpapierrollen in 2,5 cm breite Ringe. Lassen Sie die Kinder einen Teil der Ringe rot, einen anderen Teil gelb anmalen. Kleben Sie selbstklebende Buchstaben auf: Konsonanten auf die roten und Vokale auf die gelben Ringe. Schneiden Sie Schnüre zu, zwischen 30 cm und 60 cm lang. Lassen Sie die Kinder mit den Buchstaben Wörter bilden, die sie auf die Schnüre fädeln. Sie können dieses Spiel auch mit Zahlen spielen: Schreiben Sie Zahlen, Punkte und Zahlwörter auf die Ringe. Die Kinder können

- die Zahlen in der Reihenfolge von 1 bis 10 auffädeln,
- die Zahlen den Zahlwörtern zuordnen,
- die Zahlwörter den Punkten zuordnen und
- alle drei einander zuordnen.

Lassen Sie sie also die „8" zum Wort „acht", die „8" zu den Punkten „::::" und die „8", das Wort „acht" und die Punkte „::::" sortieren.

Kreiskunst

Halbieren Sie die Toilettenpapierrollen der Breite nach auf die Hälfte. Geben Sie Temperafarben in unterschiedlichen Farbtönen in flache Schalen. Die Kinder fassen die Toilettenpapierrollen an einem Ende an, tunken das andere Ende in die Farbe und drucken bunte Kreise auf Papier.

Ständer für Anweisungen und Co.

Dritteln Sie die Toilettenpapierrollen. Schneiden Sie am Rand eines der drei Ringe zwei gegenüberliegende Schlitze ein. Jeder Schlitz sollte etwa 2,5 cm tief sein. Schneiden Sie in die Karte, die Sie in dem Ständer präsentieren wollen (z.B. eine Karteikarte mit bebilderten Anweisungen), zwei Schlitze. Wenn Sie die Schlitze in der Karte in die Schlitze am Ring schieben, greifen sie ineinander und bilden eine stabile Einheit. Wenn Sie eine größere Karte oder etwas Ähnliches präsentieren wollen, machen Sie zwei Ständer. Nun können Sie in die Ständer wichtige Anweisungen, Infos, Bilder oder Karten stecken.

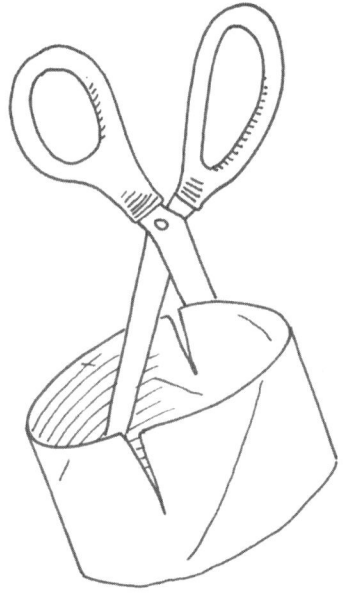

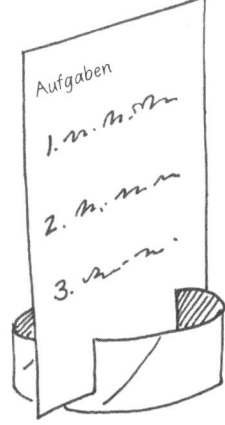

Klemmbretter

Mit Klemmbrettern können Sie Ordnung in Ihrem Klassenraum schaffen! Es gibt preiswerte Klemmbretter zu kaufen, sie lassen sich aber auch einfach selbst herstellen – aus zwei Wäscheklammern und einer stabilen Pappe. Der Nachteil bei vielen gekauften Modellen ist, dass sie ein Loch im Clip haben und die Kinder mit Vorliebe ihre Finger hineinstecken. Dies führt für gewöhnlich zu einer mittleren Katastrophe, wenn sie die Finger nicht wieder herausziehen können. Den meisten Lehrern wachsen im Laufe ihres Berufslebens Antennen für solche Situationen, und sie werden sehr erfinderisch darin, sie gar nicht erst entstehen zu lassen. Oft funktionieren die einfachen und preiswerten Methoden bei kleineren Kindern am besten.

Hier sind ein paar Ideen, wie Sie Klemmbretter als Organisationshilfen einsetzen können.

Anwesenheitsliste

Wenn die Kinder sich Freiarbeitsthemen aussuchen, tragen sie sich in eine dazugehörige Liste ein. Auf diese Weise haben Sie einen Überblick darüber, wo die Kinder gearbeitet haben. Vor allem beim Aufräumen kann das nützlich sein. Ein „Aber ich hab doch gar nicht dort gearbeitet ..." lässt sich auf diese Weise leicht widerlegen, und Sie können die Verantwortung fürs Aufräumen zuordnen. Kleinere Kinder brauchen vielleicht Ihre Hilfe beim Eintragen in die Liste.

Warteliste

Stellen Sie bei beliebtem Material eine Warteliste auf. Sie sollte nur so viele Namen enthalten wie Kinder die Aufgabe an diesem Tag durchführen können. Normalerweise sind es drei, manchmal auch nur zwei Namen.

Einkaufsliste

Hängen Sie ein Klemmbrett an einen Haken neben der Tür, und notieren Sie dort, welche Sachen Sie für die Klasse brauchen. Lassen Sie die Kinder aufschreiben, was fehlt. Wenn die Liste an der Tür hängt, gewöhnen Sie sich an, beim Hinausgehen einen Blick darauf zu werfen.

Tipp

Warum nur drei Namen auf der Warteliste? Weil die Kinder, die zwar auf der Liste stehen, an diesem Tag aber nicht mehr an die Reihe kommen, wahrscheinlich ziemlich unglücklich nach Hause gehen. Es ist besser, am nächsten Tag eine neue Liste zu beginnen, als ein trauriges Kind zu haben, das heute nicht mehr in den Zeitplan passt.

Tisch für unterwegs

Benutzen Sie ein Klemmbrett als Schreibunterlage, wenn kein Tisch verfügbar ist. In Gruppenrunden auf dem Boden oder im Freien kann das ganz praktisch sein.

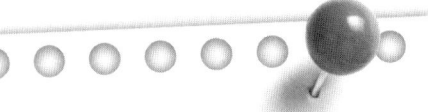

Tipp
Manchmal übersieht man die einfachsten Lösungen.

Erledigungsliste

Ein Klemmbrett für eine Erledigungsliste in der Nähe zu haben ist eine Erleichterung für Sie und ein gutes Vorbild für die Kinder. Regen Sie an, dass sie Ihrem Beispiel folgen und sich eine Notiz in ihrer Liste machen, wenn ihnen einfällt, was sie noch zu tun haben.

Muffinformen

Freunde und Familienmitglieder haben sicherlich noch irgendwo eine Muffinform herumliegen, die nur darauf wartet, zu etwas Nützlichem in Ihrem Klassenzimmer umfunktioniert zu werden. Bitten Sie um Spenden!

Behälter für Bastelmaterial

In Muffinformen lassen sich Materialien
für Collagen sehr gut aufbewahren.

Behälter für Farben

Kleiden Sie die einzelnen Muffinvertiefungen mit Muffinförmchen aus Alufolie aus. Füllen Sie diese mit Temperafarbe, und freuen Sie sich, dass Sie die Muffinform viel leichter sauber bekommen.

Serviertablett

Stellen Sie kleine Becher in die Vertiefungen, und reduzieren Sie auf diese Weise die Anzahl der umgekippten Becher. Die Kinder können sie so viel leichter zum Tisch transportieren.

Oberflächen zuordnen

Kleben Sie Gegenstände, die sich unterschiedlich anfühlen, in die Vertiefungen. Legen Sie Gegenstände mit derselben Oberflächenbeschaffenheit in einen kleinen Korb daneben, und lassen Sie die Kinder Übereinstimmungen finden.

Beobachtungsstation

Kleben Sie Dinge in die Vertiefungen, die die Kinder zwar ansehen, aber nicht anfassen sollen, z.B. tote Insekten, die unversehrt sind. Bedecken Sie die ganze Muffinform mit zwei Lagen Klarsichtfolie, die Sie um und unter der Muffinform mit Klebeband befestigen.

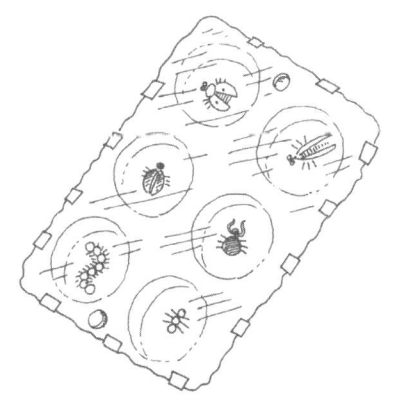

Mischbehälter

Lassen Sie die Kinder mit einer Pipette Wasser, das Sie mit Lebensmittelfarbe eingefärbt haben, von einer Vertiefung zur anderen tröpfeln. Verwenden
Sie in drei der Vertiefungen Primärfarben. Beim Hin- und Hertröpfeln
werden die Farben gleichzeitig gemischt.

Magnetisches

Diese Aufgabe mit einem Magneten funktioniert am besten mit einer Muffinform aus mikrowellengeeignetem Material. Stellen Sie eine Sammlung
von Sachen zusammen, die von Magneten angezogen werden, z.B. Büroklammern, Metallspäne, kleine Ösen, Schrauben und Muttern. Sammeln Sie
auch Sachen, die nicht von Magneten angezogen werden, z.B. Sägespäne,
Papier, Stoff und Plastik. Füllen Sie in jede Vertiefung ein anderes Material.
Schneiden Sie ein Stück Folie zu, mit dem Sie die ganze Form abdecken
können. Kleben Sie die Folie gut fest. Die Kinder probieren aus, welches
Material sich durch den Magneten bewegen lässt.
Hinweis: Vergewissern Sie sich von Zeit zu Zeit, dass die Folie noch sicher
befestigt ist.

Tipp

Auf Flohmärkten habe ich Muffinformen zu günstigen Preisen
gefunden. Halten Sie die Augen
offen. Sie bieten eine preiswerte
Aufbewahrungsmöglichkeit für
all die Kleinigkeiten, die Sie in
Ihrer Klasse immer wieder
brauchen.

Utensilos aus durchsichtigem Plastik

Utensilos werden normalerweise verwendet, um Hausschuhe oder Spielsachen aufzubewahren. Oft sind sie aus klarem Plastik oder aus Stoff gemacht. Es gibt sie im Discounter, dort sind sie preiswerter als bei speziellen Reiseausstattern. Die Utensilos gehören zu den kostspieligeren Anschaffungen für Ihre Klasse, sind aber eine lohnende Investition. Hier sind ein paar Ideen, was Sie damit machen können.

Holzwerkzeuge

Sammeln Sie die Werkzeuge in einem Utensilo.

Sachen zum Saubermachen

Hängen Sie einen Utensilo in Ihren Klassenschrank, und bewahren Sie dort Ihr Zubehör zum Aufräumen und Saubermachen auf.
Sicherheitshinweis: Achten Sie darauf, dass die Tür zu diesem Schrank immer verschlossen ist, sodass die Kinder keinen Zugang zu giftigen Reinigungsmitteln haben.

Bastelzubehör und Instrumente

Bewahren Sie Bastelmaterialien und kleine Musikinstrumente in den Taschen eines Utensilos auf.

Lehrermaterialien

Sammeln Sie Ihre Sachen – einen Hefter, eine Rolle Klebeband, Büroklammern (in einer kleinen wiederverschließbaren Tüte), Bleistifte, Kugelschreiber, einen Heftklammerentferner, einen Bleistiftspitzer, Folienstifte, ein zusätzliches Stempelkissen, Heftpflaster und Kleber – in einem Utensilo.

Postausgang

Benutzen Sie einen Utensilo an der Klassenzimmertür als Postausgangsmappe. Weisen Sie jedem Kind eine Tasche zu, und stecken Sie Elternbriefe, Notizen und Ankündigungen dort hinein. Wenn die Kinder nach Hause gehen, nehmen sie den Inhalt mit. Der größte Vorteil liegt darin, dass der Utensilo als eine Gedächtnisstütze für Sie dient. Reservieren Sie sich die oberste Taschenreihe (außerhalb der Reichweite der Kinder) für die Sachen, die Sie mit nach Hause nehmen müssen.

Waschmittelbehälter und -deckel aus Plastik

Waschmittelbehälter sind leicht zu bekommen. Bitten Sie die Eltern um Spenden – inklusive Deckel! Hier sind ein paar Ideen, was Sie damit machen können.

Wasserspender

Dass die klasseneigenen Pflanzen auch in den Ferien gegossen werden müssen, stellt Lehrer immer wieder vor organisatorische Probleme – es sei denn, sie finden einen Kollegen oder Hausmeister, der diese Aufgabe übernimmt. Das Schuljahr mit vertrockneten Pflanzen zu beginnen ist auch nicht gerade erhebend. Hier ist meine Lösung:

Füllen Sie einen leeren Waschmittelbehälter mit Wasser. Stellen Sie ihn so auf, dass sich der Wasserspiegel auf einer Linie mit der Oberkante des Blumentopfes befindet. Nehmen Sie ein Stück Baumwollkordel (gibts in der Stoffabteilung), und stecken Sie ein Ende in den Waschmittelbehälter. Wickeln Sie das andere Ende unten um den Stamm der Pflanze. Die Kordel funktioniert wie ein Docht. Das Wasser „wandert" über die Kordel in den Blumentopf und gießt die Pflanze. Das funktioniert ungefähr eine Woche lang.

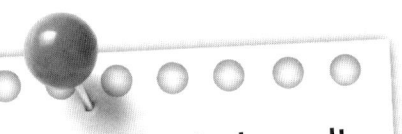

Versuchen Sie das mal!
Wenn Ihnen die Bingoplättchen ausgehen, mit denen die Kinder die ausgerufenen Zahlen, Buchstaben, Formen oder Farben abdecken, können Sie die Schraubverschlüsse von Gläsern nehmen.

Zielwurf

Schneiden Sie von fünf Waschmittelbehältern das obere Drittel ab. Schreiben Sie die Zahlen 1 bis 5 auf die Behälter, und stellen Sie sie hintereinander auf. Markieren Sie mit Klebeband eine Abwurflinie auf dem Boden. Die Kinder stehen beim Werfen hinter der Linie. Als Wurfgeschosse geben Sie ihnen selbstgemachte Beanbags. Dazu füllen Sie Kniestrümpfe mit Bohnen und knoten sie zu. Die Kinder werfen die Beanbags in die Behälter und addieren ihre Punkte auf. Auf diese Weise haben sie ihren Spaß und lernen gleichzeitig, mit Zahlen umzugehen.

Deckel sortieren

Kleben Sie die Schraubverschlüsse der Gläser in beliebiger Anordnung auf eine Pappe. Die Kinder sortieren kleine Gegenstände in die Deckel, achten aber darauf, dass sie ein Muster einhalten, z.B. eine Murmel, eine Öse oder eine Schraube in einen Deckel, nur rote oder nur eckige Dinge usw.

Döschen und Gläser

Leere Gewürz- oder Drageedöschen sowie kleine Einmachgläser sind nicht schwer zu finden und können im Klassenzimmer gute Dienste leisten. Hier sind ein paar Ideen für ihre Verwendung.

Geruchsübung

Geben Sie den Nasen etwas zu tun. Bereiten Sie für jede Duftnote zwei Behälter vor. Stecken Sie Wattebäusche in die Behälter: mit Orangen-, Zitronen-, Erdbeer- und Schokoladenaroma sowie Knoblauch, Parfüm und Zimt. Bohren Sie Löcher in die Deckel, und lassen Sie die Kinder die Duftpaare finden.

Wenn die Döschen nicht in Gebrauch sind, verschließen Sie sie mit Deckeln ohne Loch. Der Duft wird sich ein paar Wochen lang halten. Wenn er deutlich nachlässt, tränken Sie die Wattebäusche mit etwas Aroma.

Gehörübung

Auch die Ohren wollen beschäftigt sein! Legen Sie ein paar kleine Gegenstände wie Knöpfe, Steinchen, Büroklammern, Perlen und Münzen in jeweils zwei Döschen oder Gläser, und schließen Sie die Deckel.

Die Kinder schütteln sie und versuchen, die Geräuschpaare zu finden. Zeigen Sie den Kindern die Gegenstände, bevor Sie sie in die Döschen legen. Dann werden sie sie nicht unbedingt aufmachen und nachsehen wollen, was darin ist.

Versuchen Sie das mal!

Holzreste sind immer nützlich. Bewahren Sie also einen kleinen Vorrat in der Schule und zu Hause auf. Eine kleine Holzplatte ist ideal als Unterlage zum Löcherschlagen (z.B. Löcher in Deckel), sodass Arbeitsplatten und Möbelflächen von Löchern verschont bleiben. Wenn Sie sich dann noch einen dicken Nagel und einen kleinen Hammer zulegen, sind Sie eigentlich für alle Eventualitäten gerüstet. Besorgen Sie sich die Holzreste bei einem Schreiner oder in einem Baumarkt. Normalerweise bekommen Sie sie ohne Probleme, vor allem, wenn Sie sagen, dass Sie mit kleinen Kindern arbeiten.

4

Glitterstreudose

Machen Sie Glitterstreudosen aus den Döschen, indem Sie sie mit Ihren
Glitterresten füllen. Lassen Sie die Kinder mit Kleber Muster auf Papier
malen und den Glitter darüber streuen. Um die Streudosen herzustellen,
machen Sie mit einem dicken Nagel und einem Hammer fünf Löcher in den
Dosendeckel. Nehmen Sie eine Holzplatte aus Ihrer Restesammlung als
Unterlage.

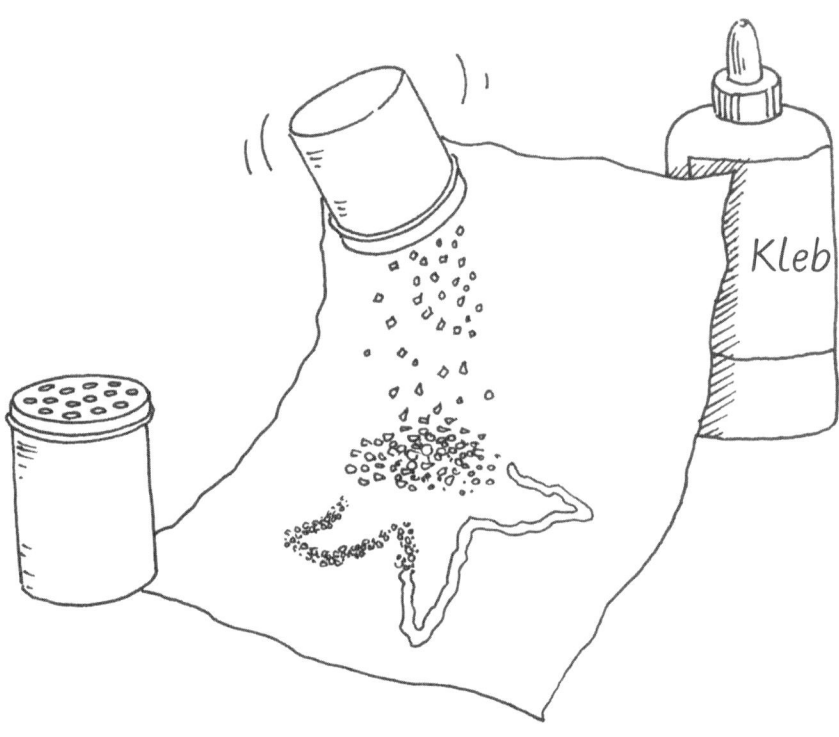

Schatzkistchen

Kleine Döschen eignen sich auch als Transportbehälter für wichtige Sachen
wie ausgefallene Milchzähne, die sicher von der Schule nach Hause gebracht
werden müssen.

Platzsets

Bei Platzsets haben Sie eine riesige Auswahl, doch nach meiner Erfahrung sind die aus Kunststoff am besten. Hier sind ein paar Ideen, was Sie damit machen können.

Arbeitsplatz

Begrenzen Sie den Arbeitsplatz eines Kindes auf dem Tisch oder auf dem Boden mit einem Platzset. Legen Sie alle Materialien für eine Aufgabe in einen Karton oder einen Korb, und stellen Sie den Karton auf das Platzset. Die Materialien bleiben auf dem Platzset, und die Hände bleiben bei der Arbeit. Wenn eine Aufgabe auf dem Boden stattfindet, geben Sie dem Kind ein Platzset zum Sitzen und eines zum Arbeiten.

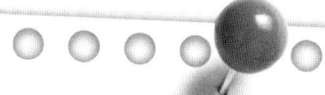

Versuchen Sie das mal!
Sie können laminierte Flächen aneinanderkleben, wenn Sie die Klebepunkte zuvor mit Sandpapier anrauen und dann den Kleber auftragen. Das funktioniert gut, wenn Sie z.B. eine laminierte Tasche auf ein laminiertes Poster kleben wollen.

Wasserfläche

Blaue Platzsets können bei einer Erzähllandschaft gut als Teich oder See dienen. Stellen Sie ein paar Boote zur Verfügung.

Puzzles

Kaufen Sie Tierformen oder Märchenfiguren als Platzsets, oder sehen Sie sich nach welchen mit Fotos von Haustieren oder anderen Themen um, die Sie im Unterricht behandeln. Für jüngere Kinder kaufen Sie immer zwei identische Bilder und zerschneiden eines davon in Puzzlestücke. Das andere Bild dient dann als Unterlage und Orientierung. Damit ist es einfacher, zu erkennen, ob ein Stück passt oder nicht.
Ältere Kinder brauchen diese Hilfestellung sicher nicht. Für sie reicht ein Platzset, das Sie in Stücke schneiden und das die Kinder zusammensetzen.

Ziernaht

Nähen trainiert die Feinmotorik. Kaufen Sie ein interessantes Platzset, und machen Sie am Rand eine Reihe mit Löchern im Abstand von 2,5 cm. Benutzen Sie dazu einen Locher. Kaufen Sie Schnürsenkel in 1,80 m Länge, und lassen Sie die Kinder den Lochrand „nähen".

Abzähl-Sets

Kaufen Sie zehn Platzsets, und schreiben Sie die Zahlen eins bis zehn darauf, eine Zahl auf jedes Platzset. Verteilen Sie die Platzsets an die Kinder, und bitten Sie sie, sich in der richtigen Reihenfolge aufzustellen (dazu müssen sie lernen, dass die Eins vor der Zwei kommt). Sie können sich gegenseitig helfen, indem sie untereinander überlegen, welche Zahl als nächste kommt. Bitten Sie die Kinder dann, sich auf die Platzsets zu stellen. Eine andere Gruppe von Kindern, die mit Punktkarten von eins bis zehn (ein Punkt für eine Eins, zwei Punkte für eine Zwei usw.) ausgestattet ist, sucht dann die Entsprechung ihrer Punktkarten bei den nummerierten Platzsets. Diese Übung oder eine Variation davon hilft Kindern, die Zahlen zu erkennen.

Alphabet-Set

Stellen Sie zusammen mit den Kindern ein „Alphabet-Set" her. Nehmen Sie einen wasserlöslichen Folienstift und ein Platzset aus Kunststoff. Beginnen Sie links oben mit „a" und „b". Dann lassen Sie zwei Lücken, die Sie jeweils durch einen Strich markieren, und machen mit „e", „f" weiter und lassen wieder zwei Lücken. Diese Lücken werden die Kinder später mit den entsprechenden Buchstaben füllen. Machen Sie so weiter, bis Sie das ganze Alphabet aufgeschrieben haben. Als Nachfolgeübung können Sie den Kindern einen Korb mit ausgestanzten Großbuchstaben hinstellen und sie bitten, die großen Buchstaben den kleinen auf dem Platzset zuzuordnen.

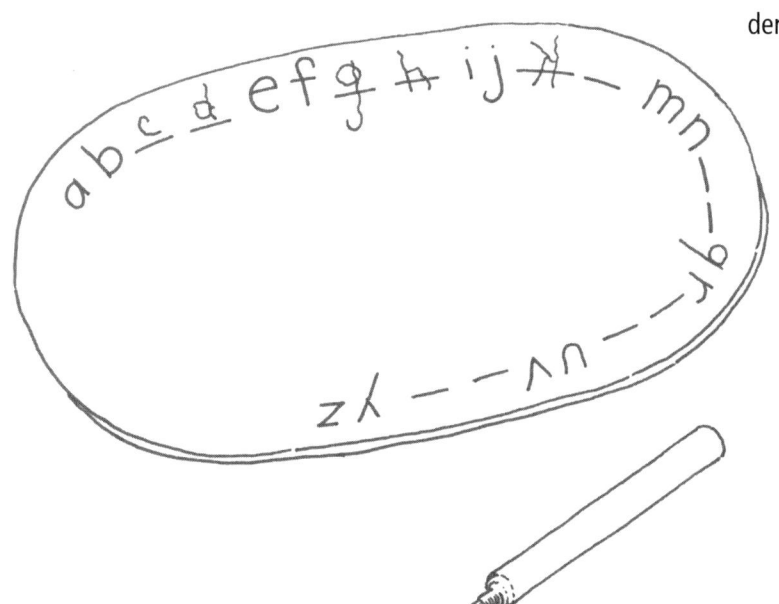

Sicherheit im Waschbecken

Schneiden Sie ein Loch in ein Platzset, das den Durchmesser des Ausgusses im Waschbecken hat. Wenn die Kinder Teller und Tassen oder andere Spielsachen oder Materialien im Waschbecken abwaschen, hilft das Platzset, zu verhindern, dass die Sachen zerbrechen, wenn sie ihnen aus den Händen gleiten.

Das sind wahrscheinlich mehr als genug Sparideen. Es ist schön, Sachen mehrfach zu benutzen und sich neue Verwendungsmöglichkeiten dafür auszudenken. Wir müssen jetzt eine Menge aufräumen. Aber wohin? Blättern Sie um, und finden Sies heraus.

Kapitel 5

Aufbewahrungs-lösungen

So, nun haben Sie jede Menge Materialien gesammelt. Sofort steht die Frage im Raum: „Wohin damit?" Und ein paar Wochen später steht eine weitere Frage im Raum: „Wo hab ich das bloß hingetan???" Leider gehen Aufbewahren und Wiederfinden nicht unbedingt Hand in Hand. Was tun? In meinen ersten Jahren als Lehrerin habe ich immer wieder Sachen säuberlich in Kisten und Schachteln verstaut. Und erst als ich damit fertig war, fiel mir ein, dass ich diese Kisten und Schachteln hätte beschriften sollen – aber da war es schon zu spät. Die Erfahrung lehrt also: Erst beschriften, dann weglegen.

Aufbewahrungsbehälter

Materialien in Kisten, Tüten und anderen Behältnissen zu verstauen ist eine Arbeit, die Sie allein erledigen müssen. Und auch das Aussortieren gehört zu Ihren Aufgaben. Es fällt nicht leicht, Sachen wegzuwerfen, vor allem, wenn Sie viel Ihrer privaten Zeit darauf verwendet haben, diese Dinge herzustellen. Wenn Sie etwas im Laufe eines Jahres nicht benutzt haben, ist die Wahrscheinlichkeit ziemlich gering, dass Sie es jemals wieder brauchen werden. Probieren Sie einige der folgenden Ideen aus, und sparen Sie Platz und Aufbewahrungsbehälter.

Tipp

Warten Sie nicht auf den großen Schrank Ihrer Träume. Seien Sie dankbar für den Stauraum, den Sie haben, und nutzen Sie ihn so effektiv wie möglich.

Kopierpapierkartons

Sammeln Sie Kartons von Kopierpapier, und sortieren Sie darin Materialien nach Themen. Kleben Sie auf die Vorder- oder Seitenwand bzw. auf den Kartondeckel eine genaue Liste der Sachen im Karton. Wenn Sie die Sachen einräumen, nehmen Sie sich ein paar Minuten Zeit, um den Inhalt aufzulisten. Das erspart Ihnen später Stunde um Stunde verzweifelten Suchens! Ein guter Aufbewahrungskarton zeichnet sich durch einen abnehmbaren Deckel aus.

Plastikboxen

Verwenden Sie Plastikboxen als Aufbewahrungsbehälter. Sie sind kostspieliger als Pappkartons, aber die Investition lohnt sich. Legen Sie alle Materialien in große Druckverschlussbeutel, und legen Sie die Beutel in die Plastikboxen. Kleben Sie eine Liste mit dem Inhalt der Box auf die Innenseite des Deckels.

Transparente Boxen mit Deckel

Schaffen Sie sich Unterbettboxen mit abnehmbarem Deckel an. Sie eignen sich sehr gut für die Aufbewahrung von Bastelmaterialien, Büchern, Theaterrequisiten und Bausteinen.

Tabellen und Poster zerlegen

Zerschneiden Sie übergroße Tabellen und Poster in drei gleiche Teile, und kleben Sie sie mit transparentem Klebeband wieder zusammen. So lassen sie sich problemlos an den Klebenähten zusammenfalten und in Standardbehältern verstauen.

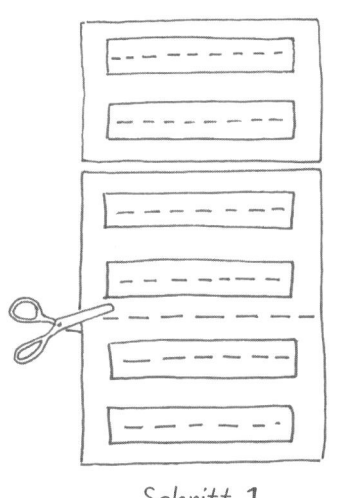

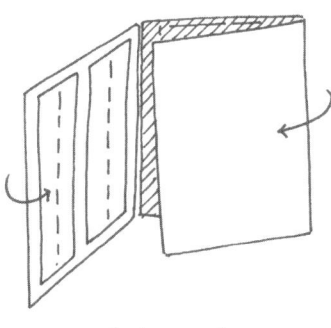

Schritt 1   Schritt 2   Schritt 3

Versandrohre

Bewahren Sie Plakate in Versandrohren aus Pappe auf. Rollen Sie das Poster mit der Bildseite nach außen auf, sodass es, wenn Sie es an die Wand kleben, sich nicht von der Wand weg wieder zusammenzieht. Schreiben Sie auf das Versandrohr, welches Poster sich darin befindet.

Alte Koffer

Auch alte Koffer eignen sich als Aufbewahrungsbehälter. Sie können sie ganz preiswert auf Flohmärkten oder in Second-Hand-Läden erstehen. Nehmen Sie am besten Koffer ohne Räder und mit altmodischen Verschlüssen.

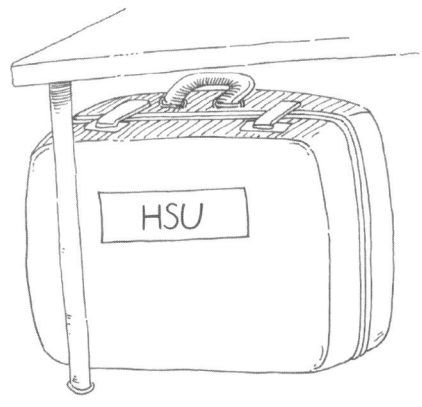

HSU

Tipp

Alte Koffer ohne Räder und mit altmodischen Verschlüssen sind am besten geeignet. Sie sind für die Kinder nicht besonders interessant, weil sie sie nicht kreuz und quer durch das Klassenzimmer rollen können und auch die alten Verschlüsse nicht so leicht aufbekommen wie die neueren Verschlusstypen. Legen Sie Ihre Materialien in den Koffer, und kleben Sie eine Inhaltsliste darauf. Sie können solche Koffer als Raumteiler einsetzen oder sie unter einem Tisch aufbewahren.

Wäschekorb

Ein Wäschekorb auf Rollen ist eine sinnvolle Anschaffung für Ihr Klassenzimmer. Besonders gut eignet er sich, wenn Sie Material abbauen und Zubehör einsammeln.

Einkaufstaschen aus Papier

Bewahren Sie bruchsichere Gegenstände in Einkaufstaschen aus stabilem Papier auf. Füllen Sie die Tasche, schreiben Sie vorne eine Liste des Inhalts darauf, und legen Sie sie in eine Box oder auf ein Regal.

Netze

Kaufen Sie mehrere Netze aus stabilem Material. Binden Sie sie gut zu, und hängen Sie sie an Fahrradhaken, die Sie in die Decke des Wandschranks schrauben.

Allerlei Ideen

Hier sind ein paar Ideen für die Aufbewahrung von Tabellen, Schautafeln und Plakaten:

- Sammelmappen oder Planversandboxen
- Ständer für Stecktafeln, Kleiderbügel und Wäscheklammern
- Türhaken (normalerweise als Garderobenhaken verwendet) mit Wäscheklammern
- Hosen- oder Rockbügel
- Extragroße Druckverschlussbeutel (Plakatgröße)
- Fahrradhaken an Wänden oder Türen, an denen Sie Schautafeln mit Ösen aufhängen können

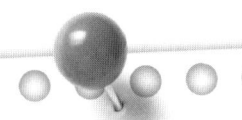

Tipp

Ich benutze gerne robuste Netze, wie Basketballtrainer sie haben, um Basketbälle zu transportieren. Sie sind ideal, um Sachen darin zu verstauen: Man kann sehen, was drin ist, und sie sind sehr stabil.

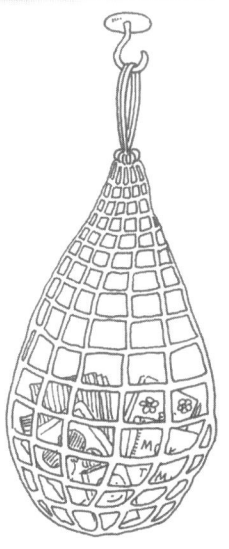

Tipp

Wenn etwas nicht mehr nützlich ist – weg damit! Sie sammeln im Laufe der Zeit immer mehr Sachen an.

Aufbewahrungsorte

Nun haben Sie alles ordentlich beschriftet und in Kartons, Koffern und Boxen verstaut. Und wohin mit den Kartons, Koffern und Boxen?

Zu Hause

▶ In einer Garage ohne Auto
▶ An der Decke einer Garage mit Auto
▶ Unter einem Bett
▶ In einem ungenutzten Schuhschrank
▶ Unter einem Tisch
▶ Im Keller
▶ In einem Schuppen im Garten (frei von Ungeziefer)

In der Schule

▶ In Ihrem Schrank (so klein er auch sein mag)
▶ Unter Tischen, die an der Wand lehnen
▶ Als Trennwand
▶ Auf einem Bücherregal, von wo aus sie bei Bedarf an einem nahe gelegenen Platz zum Einsatz kommen

Versuchen Sie das mal!
Wenn Sie den Teil eines Bücherregals, den Sie als Aufbewahrungsort benutzen, abdecken wollen, befestigen Sie die raue Seite eines Klettbandes an den Regalbrettern. Als Abdeckung verwenden Sie die flauschige Seite des Klettbandes. Sie bekommen sie als Meterware in Stoffgeschäften oder in Autowerkstätten, in denen die Innenausstattung von Autos und Autohimmel angebracht werden. Sie können auch bei Schulausstattern danach suchen.

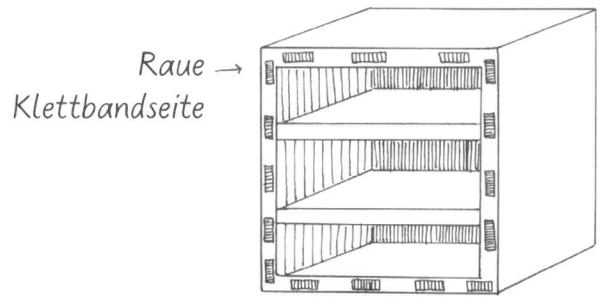

Raue → Klettbandseite

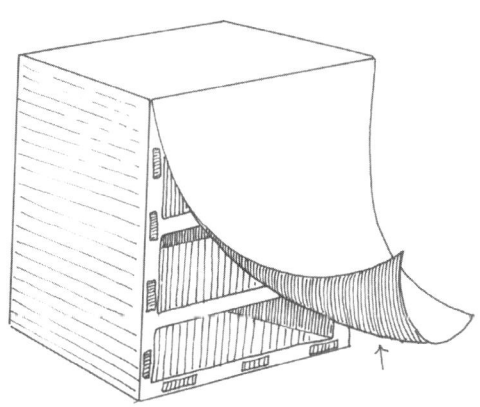

Flauschige Klettbandseite deckt das Regal ab.

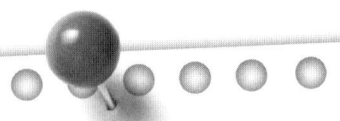

Versuchen Sie das mal!

Bringen Sie auf der Rückseite eines Regals ein Steckbrett an. In die Löcher lassen sich Haken einstecken, an denen Sie die unterschiedlichsten Materialien anhängen können. Am besten lassen Sie sich beim Anbringen von jemand anderem helfen. Mehr als ein passendes Steckbrett, Nägel und Hammer brauchen Sie nicht. Sagen Sie den Kindern, dass die Rückseite des Regals als Aufbewahrungsmöglichkeit gedacht ist.

Viele Organisationen sind auf der Suche nach Kinderspielzeug, Gesellschaftsspielen und Büchern. Machen Sie eine Tradition daraus, einmal im Jahr die Sachen an sie weiterzugeben, die für Sie keinen Nutzen mehr haben, anderen aber noch eine Freude bereiten können.

Sie können auch flache Aufbewahrungsboxen hinter einem Bücherregal verstauen. Stellen Sie z.B. eine Unterbettbox aufrecht hin, sodass sie zwischen Wand und Regal steht. Ganz wichtig: Sehen Sie Ihre Materialsammlungen in regelmäßigen Abständen durch, und trennen Sie sich von allem, was Sie nicht mehr brauchen. Wenn Sie eine Box hervorholen, um etwas herauszunehmen, sehen Sie sich an, was sonst noch darin ist. Schreiben Sie außen auf die Box, was sie enthält.

Im nächsten Kapitel geht es darum, wie die Organisation in kleinen Räumen funktioniert. Es ist eine Herausforderung, einen kleinen Raum zu übernehmen, aber wenn Sie einen Plan haben, wird es klappen. Blättern Sie um, und sehen Sie selbst.

Kapitel 6

Kleine Räume

Auch wenn Sie sich in einem Klassenraum wiederfinden, der Ihnen viel zu klein vorkommt: Lassen Sie sich trotzdem nicht davon abhalten, ein Klassenzimmer mit Themenecken aufzubauen. Es ist möglich. In diesem Kapitel erfahren Sie, wie es geht.

In kleinen Räumen ist nicht nur Ihre ganze Kreativität gefragt, sondern auch Ihr Improvisationstalent. In einem kleinen Raum kann aus der Schublade eines Aktenschrankes beispielsweise eine Lernecke werden. Ein Hängeregal aus Stoff oder Plastik (wie man es oft für Pullover benutzt) dient als bewegliche Themenecke, die in Sekundenschnelle von einer Seite des Klassenraumes zur anderen umziehen kann.

In kleinen Räumen ist es wichtiger denn je, Kindern nicht nur den richtigen Umgang mit den Materialien in der Klasse, sondern auch Respekt vor der Arbeit und dem „Raum" ihrer Mitschüler beizubringen. Der erste Monat im Schuljahr ist dafür die beste Zeit. Die notwendigen Informationen zu diesem Thema finden Sie im ersten Kapitel unter der Überschrift „Vier Wochen für ein ganzes Jahr".

Überlegen Sie sich, wie sich die Kinder von einer Themenecke zur anderen und durch den Klassenraum bewegen, bevor Sie sich an die Aufteilung begeben. Um unnötige Kollisionen zu vermeiden, ist es wahrscheinlich am günstigsten, die meisten Themenecken an einer Wand oder auf einem Tisch an der Wand aufzubauen.

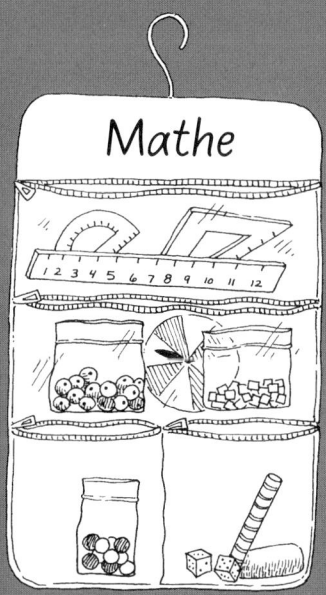

6

Das Verhalten lenken

Das Verhalten von Kindern zu lenken ist in der heutigen Schullandschaft ein besonders wichtiges Thema. In kleinen Klassenräumen ist dieses Thema noch brisanter.

Kinder bringen unterschiedliche Hintergründe, Fähigkeiten und Entwicklungsniveaus mit. Beschäftigen wir uns zunächst mit allgemeinen Strategien im Umgang mit verschiedenen Verhaltensweisen.

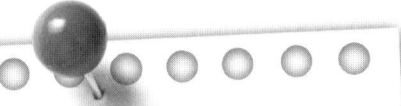

Tipp

Bei kleinen Kindern ist es wichtiger, Selbstwertgefühl aufzubauen, als Informationen zu vermitteln.

Vermeidung von Machtkämpfen

Verhalten zu lenken, ohne dabei das Selbstwertgefühl zu beschädigen, ist eine Herausforderung für jeden Lehrer. Im Mittelpunkt eines jeden Ansatzes steht die Vermeidung von Machtkämpfen. Bei einem Machtkampf geht die Macht von Ihnen auf das Kind über.

Wenn Sie also ein Kind bitten, eine Aufgabe in der Klasse zu übernehmen, und das Kind sich weigert, besteht eine Möglichkeit darin, sich mit der Bemerkung „Ich weiß, dass du das kannst" abzuwenden. Eine weitere Möglichkeit ist es, das Kind vor eine Wahl zu stellen: „Möchtest du das jetzt machen oder nach der Pause?"

Diese beiden Vorschläge unterstellen, dass dem Kind keine physische Gefahr droht. Wenn ein Kind in Gefahr ist, beseitigen Sie entweder die Gefahr oder das Kind.

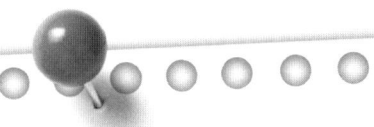

Tipp

Mit der richtigen Einstellung und Perspektive wird fast alles machbar. Die Kinder nehmen das wahr und ahmen Ihr Verhalten nach.

Seien Sie positiv!

Bei schwierigen Kindern und in schwierigen Situationen sollten Sie in der verfügbaren Zeit und mit der verfügbaren Energie auf Selbstbeherrschung und nicht so sehr auf Kontrolle hinarbeiten. Kinder lernen, ihr eigenes Verhalten zu steuern, weil gutes Verhalten ihnen Lob einbringt und schlechtes Verhalten ihnen kein Lob einbringt. Verteilen Sie Lob, wo es angebracht ist, in Form von Ermutigung, und ignorieren Sie den Rest. Seien Sie positiv!

Themenecken in kleinen Räumen

Jeder Raum kann so eingerichtet werden, dass erfolgreiches Lernen möglich ist. Das funktioniert selbst in einem kleinen Raum oder in einem Raum, der Ihnen vollkommen unpassend erscheint, weil er hauptsächlich aus Pinnwänden und Fensterfronten zu bestehen scheint. Und es funktioniert sogar in einem Raum, den Sie sich mit einer anderen Klasse teilen und den Sie jeden Tag umräumen müssen. Hier sind ein paar Vorschläge, wie Sie diesen Herausforderungen die Stirn bieten können.

Bilden Sie alle sechs Wochen neue Zusammenstellungen von Themenecken. Kombinieren Sie die Leseecke dabei immer mit einer Schreibkomponente.

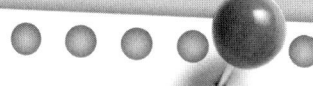

Versuchen Sie das mal!
Läden, in denen preiswerte Boxen und Behälter oder auch wiederverschließbare Plastikbeutel in den unterschiedlichsten Größen angeboten werden, gibt es nahezu überall. Warten Sie den Ausverkauf ab, und schlagen Sie zu! Sie werden es nicht bereuen.

In kleinen Klassenzimmern können nicht so viele Themenecken zur gleichen Zeit aufgebaut sein, aber im Laufe des Jahres können Sie trotzdem alle Themenecken anbieten. Hier ist Einfallsreichtum gefragt! Weichen Sie mit Ihren Aufgaben auf Türen, Schrankwände, Pinnwände und Fenster aus.

Ordnungssysteme

Für nur wenig Geld können Sie Ordnungssysteme für Schals erstehen, die wunderbar geeignet sind, um Ihnen die Organisation in kleinen Räumen zu erleichtern. Alternativ können Sie auch Plastikringe von Duschvorhängen oder ähnliche Gegenstände zusammenbinden, sodass ein Gitter aus Ringen entsteht. Hängen Sie das Gebilde in erreichbarer Höhe für die Kinder auf.

Legen Sie das Material für die Aufgaben in Druckverschlussbeutel, die Sie mit Wäscheklammern an dem Gitter befestigen. Die Plastikringe gehen so gut wie nie kaputt, sie stellen also stabile Aufhängungen dar.

Auch für die Aufbewahrung von Sachen, die gerade nicht gebraucht werden, können Sie das Gitter verwenden. Nehmen Sie ein großes Stück, und fädeln Sie es auf eine Vorhangstange, die Sie mit Angelschnur an die Wand hängen (sodass sie sich nicht bewegt). Nehmen Sie die obere Hälfte zur Aufbewahrung von Dingen, die Sie außerhalb der Reichweite der Kinder deponieren wollen. Die untere Hälfte behängen Sie mit Sachen, die die Kinder bei ihrer Arbeit einsetzen. Legen Sie alle Gegenstände in wiederverschließbare Plastikbeutel, und hängen Sie alles, was Sie im Moment nicht brauchen, an die höher gelegenen Ringe, wo die Kinder sie nicht erreichen können.

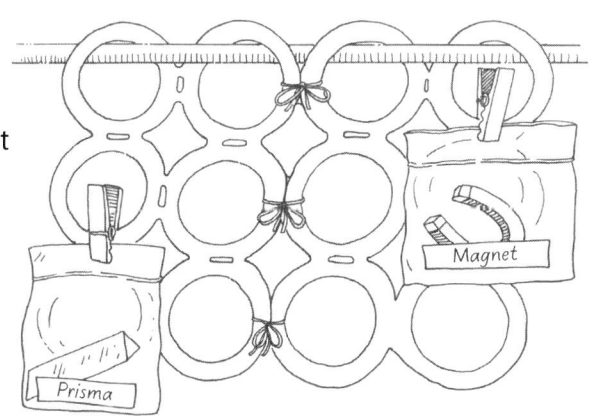

Große Boxen

Plastikboxen sind so teuer, dass Sie sie vielleicht nicht wirklich als Aufbewahrungsbehälter in Betracht ziehen. Doch die Anschaffung lohnt sich, vor allem, wenn Sie sich den Klassenraum mit einem anderen Lehrer teilen müssen. Kaufen Sie 90 x 60 x 60 cm große, stapelbare Boxen mit abnehmbarem Deckel. Sammeln Sie das Zubehör für Ihre Aufgaben in großen, verschließbaren Beuteln, und legen Sie die Beutel in die Boxen. Beschriften Sie jede Box mit der Bezeichnung der Themen. Stapelbare Boxen sind leichter zu handhaben und lassen sich rasch wegräumen. Sie sind vor allem dann geeignet, wenn Sie große Tische haben, auf denen Sie die Übungsmaterialien ausbreiten können.

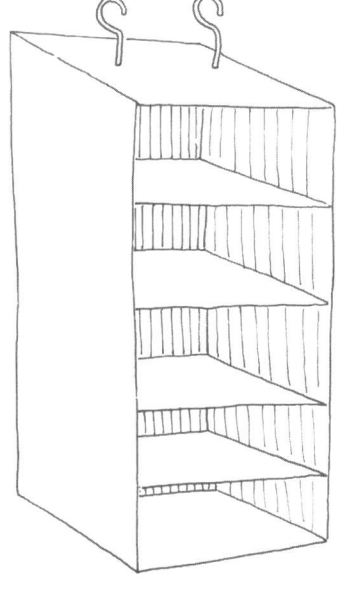

Hängeregal

Hängeregale aus Stoff oder Plastik haben normalerweise zwei Haken zum Aufhängen. Sie hängen direkt an der Wand und bieten eine vertikale Reihe leichtgewichtiger Ablagen, die sich wunderbar für die Aufbewahrung von Zubehör aller Art eignen. Jede Ablage ist etwa 15 cm hoch und 30 cm tief. Manche Regale dieser Art haben auch eine vordere Abdeckung, die mit einem Rundumreißverschluss befestigt ist. Verpacken Sie das Zubehör für Ihre Aufgaben in wiederverschließbare Beutel oder kleine Schachteln, und stapeln Sie diese in den Ablagen des Hängeregals. Legen Sie sie im geöffneten Zustand hinein. Hängen Sie das Regal so auf, dass sich die untere Hälfte auf Augenhöhe der Kinder befindet. Nehmen Sie die obere Hälfte zur Aufbewahrung für Ihre eigenen Sachen.

Utensilientasche

Auch Utensilientaschen (gibts z.B. beim Campingausstatter) haben einen Haken. Kaufen Sie sich eine Tasche aus klarem Plastik. Meist sind solche Taschen in sechs oder mehr Abteilungen unterteilt. Die einzelnen Unterteilungen haben bisweilen auch einen Reißverschluss und eignen sich daher hervorragend für kleine Materialien.
Stecken Sie das Zubehör für die einzelnen Aufgaben in wiederverschließbare Beutel, und legen Sie die Beutel in die Taschen. Lassen Sie die Reißverschlüsse offen. Hängen Sie die Utensilientasche so auf, dass die Kinder den Inhalt der Taschen sehen und herausholen können.

Kleine Räume

Schautafeln

Sehen Sie sich im Schreibwarenhandel nach dreiteiligen, faltbaren Mappen aus farbiger Pappe im DIN-A4-Format um. Sie können sie auch selbst basteln, indem sie 3 Bögen Tonkarton zu DIN A4 zusammenkleben. Nehmen Sie für jedes Thema eine andere Farbe. Bauen Sie neben den Schautafeln einen Korb mit Zubehör für die Aufgaben auf. Zeigen Sie nicht bewegliche Elemente einer Aufgabe auf der Schautafel (oder erklären und zeigen Sie einige Elemente einer abgeschlossenen Aufgabe). Die Schautafeln nehmen wenig Platz in Anspruch und lassen sich leicht bewegen.

Versuchen Sie das mal!
Bewahren Sie die Sachen, die Sie für eine Aufgabe brauchen, in wiederverschließbaren Beuteln oder kleinen Schachteln auf, sodass Sie immer alles zusammen haben. Viele Aufgaben lassen sich nicht richtig durchführen, wenn nicht alle „beweglichen" Teile beisammen sind.

Warnzaun

Kaufen Sie große Stücke Warnzaungitter aus orangefarbenem Plastik, und verwenden Sie sie wie Netzstoff. Solche Warnzäune werden zur Abgrenzung auf Skipisten oder Baustellen verwendet. Hängen Sie den „Netzstoff" an eine Vorhangstange an der Wand, und benutzen Sie ihn so wie die Ordnungssysteme (Seite 67). Die Warnzäune gibt es in verschiedenen Größen im Baumarkt. Das Material ist nahezu unverwüstlich und eignet sich vor allem für schwerere Gegenstände wie Eimer, Holzpuzzles und Spielzeug. Befestigen Sie die Sachen mit Wäscheklammern oder Twistbändern. Größere Eimer können Sie mit Kordelstücken festbinden oder den Metallgriff mit einer Wäscheklammer anklammern.

6

Aktenschränke von allen Seiten nutzen

Lassen Sie die Seitenwände der Aktenschränke in Ihrem Klassenzimmer nicht unbeachtet! Viele Spiele, die sonst in Körben aufbewahrt würden, können Sie mit Magnetstreifen versehen und an den Seitenwänden eines Aktenschrankes anbringen.

Die Schubladen eignen sich gut zur Freiarbeit. Wenn Sie ein Modell mit vier Schubladen haben, bringen Sie das Material in den beiden unteren Schubladen unter. Die oberen Schubladen nutzen Sie für Akten und Dokumente. Einen Schrank mit zwei Schubladen richten Sie ausschließlich für ein Thema ein.

Pinnwand

Bitten Sie den Hausmeister, die Pinnwand tiefer zu hängen, damit die Kinder bequem daran arbeiten können. Bitten Sie ein Kind, sich vor eine Wand zu stellen, einen Arm auszustrecken und die Wand zu berühren. Dieser Punkt sollte ein kleines Stück oberhalb der Mitte der Pinnwand liegen. Anstelle von Reißzwecken können Sie Klettband verwenden. Oder Sie beziehen das Brett mit Folie und lassen die Kinder mit Markern darauf schreiben.

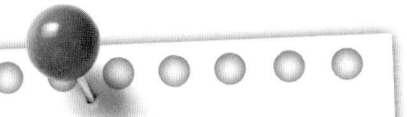

Versuchen Sie das mal!
Farbproben auf Papierstreifen lassen sich zu einem preiswerten Rahmen um eine Pinnwand verarbeiten.

Wem gehören diese Schuhe?

Reißzwecken

Rucksäcke

Bitten Sie die Eltern um abgelegte Schultaschen oder Rucksäcke ihrer Kinder, und verwenden Sie sie als Aufbewahrungstasche. Befüllen Sie jeden Rucksack mit thematisch passenden Materialien. Hängen Sie die Rucksäcke an die Wand, stellen Sie sie in ein Regal, oder bauen Sie eine Reihe von Rucksäcken an einer Wand auf. Beschriften Sie sie. Wenn es Zeit ist für die Aufgaben, können sich die Kinder einen Rucksack aussuchen und mit der Arbeit beginnen.

Große Geschenktüten

In Bastelgeschäften gibt es große Geschenktüten mit Griffen, in denen Sie die Materialien zu einem Thema unterbringen können. Suchen Sie sich stabile Tüten aus, und laminieren Sie sie. Schneiden Sie dazu vorher die Griffe ab, oder ziehen Sie sie heraus und legen sie beiseite. Sie brauchen sie später noch.

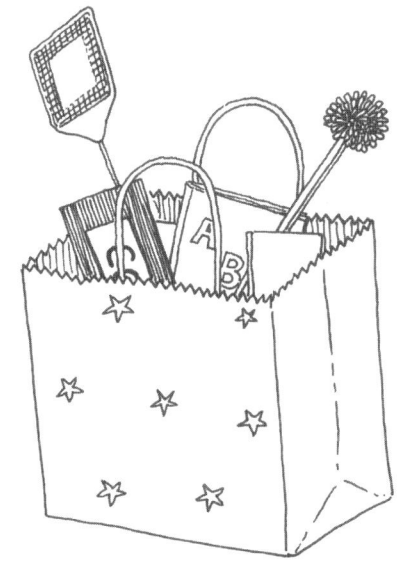

Laminieren Sie die Tüten, und schneiden Sie die Ränder ab, sodass die Tüten sich ganz öffnen lassen. Um eine Tüte zu laminieren, falten Sie sie flach aufeinander und geben sie in diesem Zustand in das Laminiergerät. Schneiden Sie die Laminierfolie auf, sodass der Boden der Tüte sich auseinanderfalten lässt. Bekleben Sie ihn mit klarem Paketklebeband, und bringen Sie die Tragegriffe wieder an. Durch das Laminieren wird das Papier stabiler und haltbarer. Befüllen Sie die Tüten mit passendem Material zu einer Aufgabe. Jede Tüte stellt ein Thema dar.

Türen

Vergessen Sie nicht, dass Sie ja auch die Innenseiten der Tür oder Türen in Ihrem Klassenzimmer zur Verfügung haben. Dort können Sie flache Sachen wie Plakate, Schautafeln und Lieder anbringen. Verwenden Sie dazu Klebesticker.

Aa

Apfel

Ameisen

Alligator

Wäscheleine

Befestigen Sie eine Wäscheleine unter der Wandtafel. Hängen Sie im Abstand von jeweils 50 cm abwechselnd ein rotes und ein grünes Band an die Leine. Jedes Band ist etwa 25 cm lang. Das grüne Band bedeutet „Los!", und das rote bedeutet „Stopp!" (siehe Zeichnung). Binden Sie an das Ende der grünen Bänder eine Wäscheklammer. Schreiben Sie ein Schild für jedes Thema, und befestigen Sie die Schilder an den grünen Bändern (z.B. „Spiele und Puzzle", „Kunst" und „Mathe"). Sammeln Sie das Zubehör für die dazugehörigen Aufgaben in verschließbaren Beuteln, und hängen Sie diese zwischen die roten und grünen Bänder. Die Kinder können dort stehen und die Wandtafel zum Schreiben benutzen.

Das grüne Band signalisiert den Kindern, wo eine Aufgabe beginnt, das rote zeigt, wo sie endet. Das Schild weist darauf hin, wohin der Beutel am Ende der Aufgabe gehört. Achten Sie darauf, dass die Wäscheleine und die Bänder gut verknotet sind, denn die Kinder werden oft mit diesen Materialien spielen.

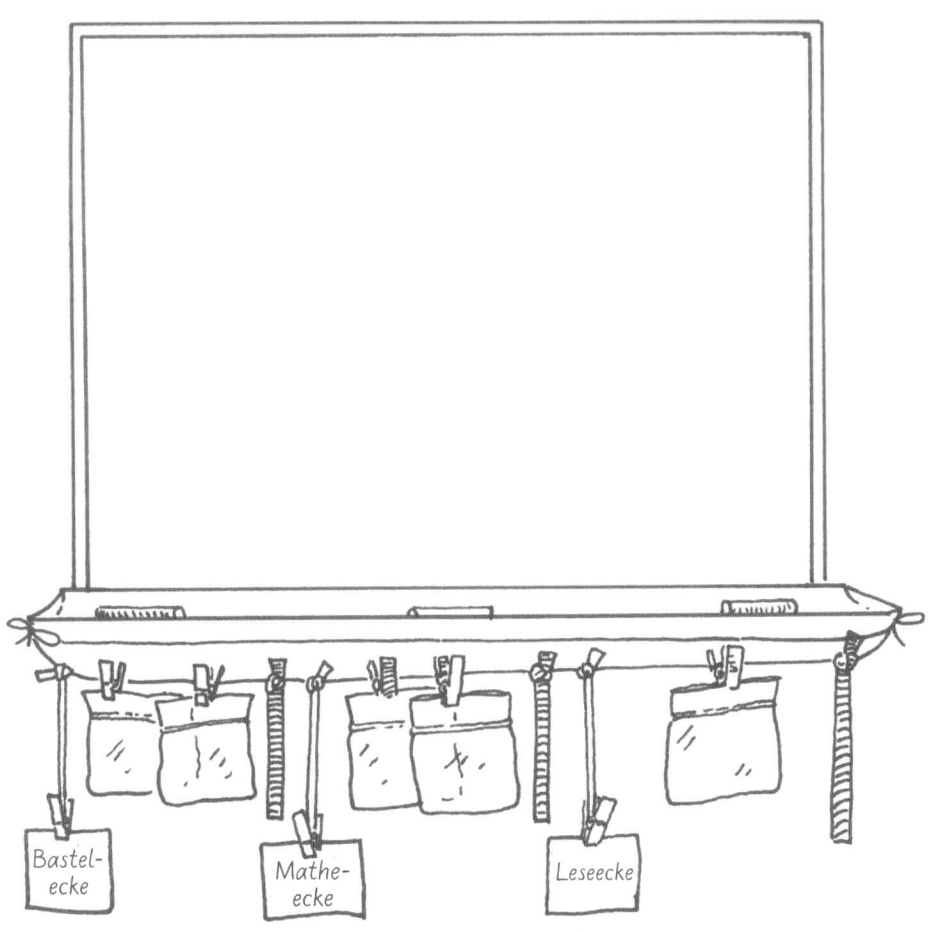

Kommode

Eine alte Kommode ist der ideale Aufbewahrungsort für Materialien zu bestimmten Themen, weil die Schubladen eine saubere Aufteilung erlauben. Seifen Sie die Laufflächen der Schubladen ein, sodass die Kinder sie problemlos öffnen und schließen können. Verpacken Sie das Zubehör für die einzelnen Aufgaben in verschließbaren Beuteln, und legen Sie es in die passende Schublade. Beschriften Sie die Schubladen, und kleben Sie ein Bild oder Foto neben die Bezeichnung. Kleben Sie eine verkleinerte Version des Bildes auf den entsprechenden Beutel. So wissen die Kinder, wohin sie das Zubehör nach der Arbeit an der Aufgabe zurücklegen sollen.

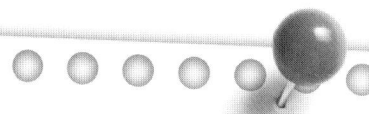

Versuchen Sie das mal!
Wenn eine Schublade klemmt, wachsen und seifen Sie die Laufflächen ein.

Briefumschläge

Kaufen Sie stabile Briefumschläge in verschiedenen Farben. Laminieren Sie sie, und schneiden Sie die Ränder der Laminierfolie zu, bevor Sie die Umschläge als Tasche für Materialien verwenden. Sortieren Sie die Umschläge nach Farben, sodass die grünen zur Leseecke, die roten zur Spieleecke usw. gehören.

Geben Sie in jeden Umschlag das Material für eine Aufgabe. Zeichnen Sie ein Bild von der Aufgabe, und kleben Sie es auf den Umschlag. Farbe und Zeichnung dienen den Kindern als Hinweis, was in den Umschlag gehört und wohin sie ihn zurücklegen müssen, wenn sie fertig sind. Legen Sie die Umschläge in Körbe, die Sie ins Regal stellen.

Die Materialien lassen sich auch einfach in einem Aktenschrank unterbringen. Sortieren Sie die Umschläge nach Farben ein, und fügen Sie ein Trennblatt in derselben Farbe hinzu. Durch die Farben lassen sich die Umschläge leicht zuordnen.

Tipp
Vielleicht ist es Ihnen noch nicht aufgefallen, doch das Zuordnen von Kartons und Deckeln ist eine nützliche, erlernte Fähigkeit. Solche Fähigkeiten bieten eine gute Grundlage für den Lese-, Schreib- und Matheunterricht.

Schuhkartons

Schuhkartons sind nützlich und leicht zu erwerben. Verbinden Sie vier oder fünf Kartons mit Hilfe von Schrauben und Muttern, Klebeband oder Drahtstiften miteinander. Diese Kartongruppe stellt ein Thema dar (siehe Zeichnung, S. 74).

Tipp

Mit Schrauben und Muttern können Sie Kartons und Schachteln miteinander verbinden. Sie bekommen sie im Baumarkt in allen möglichen Größen. Sie sollten jedoch nicht zu lang sein, damit das Gewindestück nicht zu weit in die angrenzende Schachtel ragt.

Wenn an den Aufgaben gearbeitet werden soll, stellen Sie eine Gruppe von Kartons auf einen Tisch. Schuhkartons lassen sich leicht stapeln, und die Kinder können problemlos damit hantieren. Markieren Sie die Kartondeckel, damit die Kinder wissen, welcher Deckel zu welchem Karton gehört.

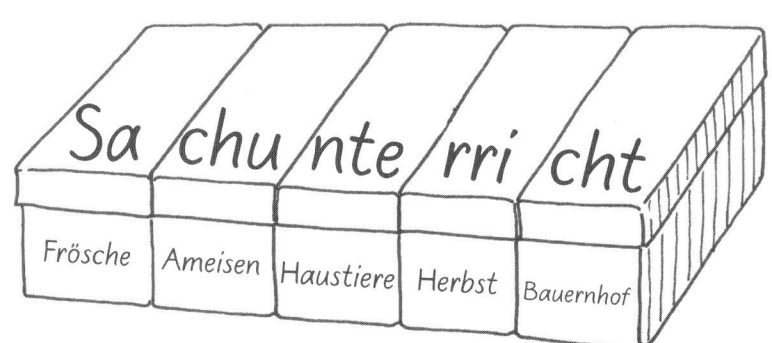

Rollwagen mit unterschiedlichen Etagen

Rollwagen mit mehreren Etagen und Korbeinsätzen sind vergleichsweise kostspielig, doch sie bieten so viel Flexibilität, dass sie nahezu unverzichtbar sind. Es gibt auch Rollwagen mit einer hölzernen Arbeitsfläche als oberster Ebene, auf der Sie einen weiteren Korb abstellen können.

Mit einem Rollwagen lassen sich Materialien leicht von einem Ort zum anderen transportieren, innerhalb der Klasse oder über den Flur in einen anderen Raum. In einem kleinen Raum reicht ein Wagen mit drei Etagen und drei Körben. Jeder Korb enthält das Material für einen Lernbereich.

Und so funktioniert es: Ein Kind rollt den Wagen an einen Tisch, nimmt den Korb mit dem passenden Material zum Thema heraus und arbeitet damit. Dann wird der Wagen zum nächsten Arbeitsplatz gerollt, wo ein weiterer Korb herausgehoben und die darin enthaltenen Materialien entnommen werden. Wenn es ans Aufräumen geht, rollen Sie den Wagen durch das Klassenzimmer und sammeln die Körbe ein.

Flache Aufbewahrungsboxen

Flache Aufbewahrungsboxen mit Deckel sind nicht billig, aber sie sind so vielseitig einsetzbar und bieten so viel Stauraum, dass Sie sich eine solche Anschaffung überlegen sollten. Die Boxen lassen sich in den unmöglichsten Ecken und Winkeln aufstapeln, z.B. unter einem Tisch. Verpacken Sie das Zubehör für bestimmte Themen in klare Verschlussbeutel, beschriften Sie die Beutel, und legen Sie sie auf den Boden der Boxen.

Tischstaffeleien

In einem kleinen Klassenzimmer haben Sie keinen
Platz für „ausgewachsene" Staffeleien. Sie müssen also auf Tischstaffeleien zurückgreifen. Sie
lassen sich leicht zusammenklappen und verstauen. Wenn sie wirklich schmutzig und bekleckert sind, können Sie sie wegwerfen und in
Windeseile neue herstellen. Falten Sie stabile Pappe so, wie es in der Zeichnung zu se-
hen ist, bringen Sie eine Spreizsperre aus Kordel an der Seite
an, und befestigen Sie mit einer Heißklebepistole zwei
Wäscheklammern an der Pappe.

Kordel

Ablagekörbchen

Wohin mit tropfnassen und klebrigen Sachen? Stapelbare Briefkörbe
bzw. Ablagekörbchen aus Plastik (gibts im Schreibwarenhandel)
schaffen Abhilfe.

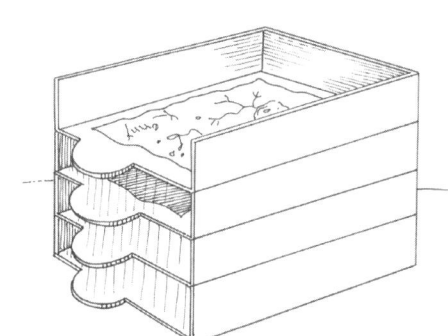

Regale Marke Eigenbau

Sie haben gar keine Regale für Bilder und andere Kunstwerke? Bauen Sie
sich welche. Orientieren Sie sich an der Zeichnung, und konstruieren Sie ein
Regal aus Behältern, Schrauben und Muttern.

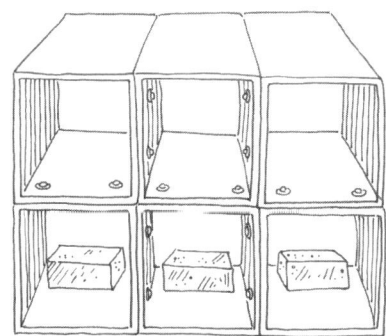

Abtropfgestelle

Sehen Sie sich nach preiswerten Abtropfgestellen für Geschirr um. Kaufen
Sie mehrere Gestelle und zwei Besteckeinsätze für jedes Gestell.
Die Besteckeinsätze können Filzstifte und Wachsmaler aufnehmen.
Zwischen die Gestellstangen können Sie Aktendeckel klemmen und
in den Aktendeckeln Papiere und Bücher aufbewahren.
Solche Gestelle sind auch gut für eine Schreibecke geeignet.
Sie können den nötigen Vorrat an Stiften und Papier darin verstauen.
Wenn Sie die Besteckeinsätze herausnehmen, lassen sich die Gestelle
platzsparend aufeinanderstapeln.

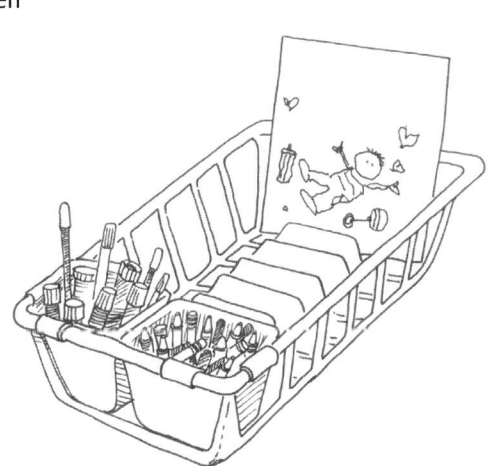

Arbeiten im Freien

Es gibt wunderbare Ideen für das Arbeiten oder auch einfach „nur" Spielen im Freien. Vor allem mit Spielen, die die Grobmotorik fördern, sind Sie draußen am besten aufgehoben. Im Winter oder an Regentagen ist eine kleine Sporthalle eine ideale Alternative.

Wenn Sie die Klasse zu zweit unterrichten, teilen Sie Aufsicht und Betreuung der Kinder untereinander auf. Ein Lehrer geht mit einer Hälfte der Klasse nach draußen und arbeitet dort mit den Kindern, während der andere mit der anderen Hälfte im Raum bleibt.

Nun sind wir am Ende unseres Kapitels über kleine Räume angekommen. Sie können in einem kleinen Raum überleben – wenn Sie gut organisiert sind und einen Plan haben. Aber jetzt kommt die Geräuschkulisse dazu: Kinderlärm! Blättern Sie um, und finden Sie den Weg zu einer ruhigen Klasse.

Kapitel 7

Lärm

Kinder sind laut. Diese Erkenntnis hat mir geholfen, geduldiger mit den Kindern und ihrem Lärm umzugehen. Es gibt allerdings auch Zeiten, in denen Kinder leise sein müssen. In einer solchen Situation lässt sich die Aufmerksamkeit kleinerer Kinder mit ein paar altgedienten Tricks fesseln.

Ich kann helfen!

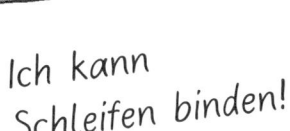
Ich kann Schleifen binden!

1. Alex
2. Melissa
3. Alina

Ruhetechniken zum Stoppen des Lärmpegels

Die folgenden Ruhetechniken funktionieren wunderbar und helfen, den Lärmpegel in Ihrer Klasse zu senken. Wenn Sie sie allerdings zu häufig anwenden, rechnen die Kinder schon damit, und dann ist ihre Wirkung verpufft. Sparsam eingesetzt, können diese Techniken sehr effektiv sein!

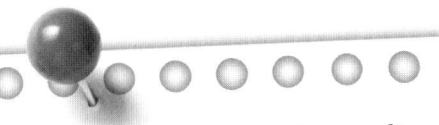

Versuchen Sie das mal!

Ein gewisser Lärmpegel ist ein Signal für Sie, dass die Kinder lernen. Wenn es aber lauter wird, wird bei einigen Leuten das Gefühl entstehen, dass die Sache außer Kontrolle geraten ist. Das muss nicht stimmen, aber es ist gar nicht so einfach, einen anderen Lehrer davon zu überzeugen, wenn der Lärm ihn stört.

Das „Rohr-Telefon"

Mit einem PVC-Rohr können Sie Lautübungen machen, ohne dass der Lärm im Klassenzimmer das Hörverständnis stört. Sie können aber auch ganz andere Sachen damit machen. Als meine Klasse eines Tages vor Lärm zu explodieren drohte, setzte ich das Rohr in meiner Verzweiflung auf etwas ungewöhnliche Weise ein.

Zufällig hatte ich das Rohr gerade in der Hand. Ich hob es an mein Ohr und sagte: „Hallo! Ja, hier ist Sharon MacDonald. Wer ist da? Oh, hallo, wie gehts? Aber sicher. Danke für den Anruf. Wir sehen uns später. Tschüss."
Ich nahm das Rohr vom Ohr und legte es auf den Tisch.
„Wer war das?", fragte eines der Kinder.
„Ja, wer war das?", stimmten andere Kinder ein.
„Ist das ein echtes Telefon?", fragte ich.
„Nein", antworteten die Kinder.
„Aber wer war das?", fragte eines.
„Das war unsere Nachbarin", sagte ich.
„Was wollte sie?", fragten die Kinder.
„Sie wollte wissen, ob wir leiser sein könnten."
Manche Kinder nickten nur und machten sich wieder an ihre Arbeit. Andere sahen mich an und lächelten.

Der Rest des Schultages verlief ruhiger. Einen Moment lang staunte ich über meinen eigenen Einfall. Und dann musste ich lächeln, weil einige Kinder so gerne glauben wollten, dass mein Rohrstück ein Telefon war. Ich fragte mich, ob sie das wirklich dachten. Vielleicht verbrachten sie den Rest des Tages aber auch damit, sich über ihre dumme Lehrerin zu amüsieren, die ein Telefonat durch ein Rohrstück entgegennahm.

Lächeln am Stock

Sich ein fertiges Lächeln vor das Gesicht zu halten macht Spaß. Zeichnen Sie unterschiedlich lächelnde Münder, und kleben Sie sie auf große Bastelstäbe. Wenn der Lärm sehr groß ist, nehmen Sie sich ein Lächeln aus Ihrer Sammlung und halten es sich direkt unter die Nase. So gehen Sie durch den Raum. Die Aufmerksamkeit der Kinder ist Ihnen sicher, und es sieht einfach lustig aus. Die Kinder konzentrieren sich lange genug auf Ihren Anblick, um Ihre Botschaft zu hören: „Wir werden sehr laut. Können wir bitte etwas leiser sein?"

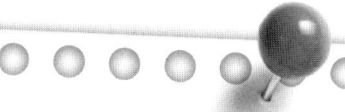

Versuchen Sie das mal!
Für alle Fälle sollten Sie die folgenden Lächelarten parat haben: Lächeln mit Zwirbelbart à la Kaiser Wilhelm II., Lächeln mit Kirschmund und Lächeln mit Zähnezeigen. Und vergessen Sie nicht, dass alles an einem Stab eine Stabpuppe sein kann.

Regenstab

Wenn man einen Regenstab hin und her bewegt, hört man ein Geräusch wie sanfter Regen. Bitten Sie das lauteste Kind, das Mädchen oder der Junge mit dem Regenstab zu sein und damit durch das Klassenzimmer zu gehen. Es ist erstaunlich, was zwei oder drei Runden durch die Klasse bewirken können.

Tipp
Kinder wollen den Erwachsenen gefallen, die eine wichtige Rolle in ihrem Leben spielen. Wenn es ihnen nicht gelingt, liegt es meist daran, dass sie nicht wissen, wie.

Leise Musik

Viele Lehrer stellen leise Musik an, um den Lärmpegel zu senken. Bei leiser klassischer Musik funktioniert das manchmal, aber nur, wenn die Kinder sie hören können. Wenn sie sie nicht hören können, weil sie zu laut sind, probieren Sie es erst mit etwas anderem, und setzen Sie dann die Musik ein.

Muster klatschen

Geben Sie laut klatschend ein Muster vor, das die Kinder kennen. Werden Sie allmählich leiser, bis alle mit Ihnen klatschen. Dann gehen Sie zu stillem Klatschen über, und wenn alle geräuschlos klatschen, bitten Sie die Kinder, an ihre Arbeit zurückzukehren. Diese Klatschübung hat einen weiteren Vorteil: Die Kinder lernen, Muster zu erkennen. Das ist nicht nur eine wichtige Voraussetzung für das Lesen- und Rechnenlernen, sondern ist für alle schulischen Tätigkeiten förderlich.

Ein Beispiel für ein Muster, mit dem die Kinder vertraut sind: klatsch, klatsch-klatsch, klatsch, klatsch-klatsch, klatsch, klatsch-klatsch usw.

Tipp
Manchmal gibt es keinen erkennbaren Grund, warum bestimmte Sachen in einer Klasse nicht funktionieren. Versuchen Sie einfach etwas anderes und warten ab, was passiert.

„Kommando Pimperle"

Geben Sie den Kindern eine kurze Pause, um eine Runde „Kommando Pimperle" zu spielen. Dazu wird ein Kind (oder Sie machen es selbst) zum Kommandanten Pimperle ernannt. Die anderen Kinder müssen alle Befehle des Kommandanten ausführen. Diese könnten zum Beispiel sein:

▶ „Kommando Pimperle": Mit dem Zeigefinger auf die Tischkante klopfen.
▶ „Kommando Flach": Die ausgestreckten Hände werden flach auf den Tisch gelegt.
▶ „Kommando Hoch": Die ausgestreckten Hände werden hochkant auf den Tisch gelegt.
▶ „Kommando Faust": Die Hände werden als Faust auf den Tisch gelegt.
▶ „Kommando Turm": Krallenartig werden die Hände auf den Tisch gelegt.

Die Kinder dürfen die Kommandos nur befolgen, wenn das Wort „Kommando" gesagt wurde. Wird zum Beispiel nur „flach" gesagt, dann ist das Kommando nicht auszuführen. Je schneller das Spiel gespielt wird, desto interessanter wird es.
Auf diese Weise wird die Aufmerksamkeit der Kinder auf eine bestimmte Sache gezogen, und danach können sie sich wieder ihrer Arbeit zuwenden.

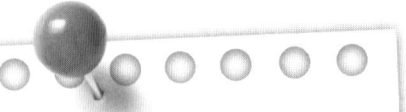

Tipp
Marionetten „reden" wirklich mit den Kindern. Kinder können Marionetten sehr gut verstehen!

Marionette

Lassen Sie eine Marionette den Lärmpegel in der Klasse kommentieren. Eine kleine Puppe kann einer ganzen Klasse mitteilen, dass es zu laut ist. Nehmen Sie dafür am besten tatsächlich eine Marionette und kein anderes Spielzeug. Die Kinder wissen, dass Sie diejenige sind, die da spricht, aber sie sehen fasziniert zu, wie die Marionette in Ihrer Hand lebendig wird.

Sie könnten den Kindern eine sehr müde Marionette zeigen, die wegen des Lärms nicht einschlafen kann. Oder Sie könnten mit einer Marionette zu einem besonders lauten Kind gehen und sie ihm geben. Lassen Sie das Kind durch die Puppe erzählen, wie es ihm mit all dem Lärm in der Klasse geht. Oft wird auf diese Weise der Lärm auf Unterhaltungslautstärke reduziert, sodass der Geräuschpegel wieder erträglich wird.

Maßband zum Lärmmessen

Kaufen Sie ein Taschenmaßband, und führen Sie ein paar Fantasiemessungen in der Klasse durch. Tun Sie z.B. so, als würden Sie den Lärm in der Klasse messen. Sagen Sie den Kindern, dass der Lärm höher als 60 cm ist, und erklären Sie ihnen, dass sie versuchen sollten, das Maß auf 60 cm zu bringen. Messen Sie vertikal und horizontal. Manchmal kommen Sie vertikal auf 60 cm, aber horizontal noch nicht – wenn z.B. zwei Kinder in einer Ecke weiterhin Krach machen. Wenn der Lärm nachlässt, rollen Sie das Maßband ein. Diese Methode hat sich in meinen Klassen immer als besonders wirkungsvoll erwiesen.

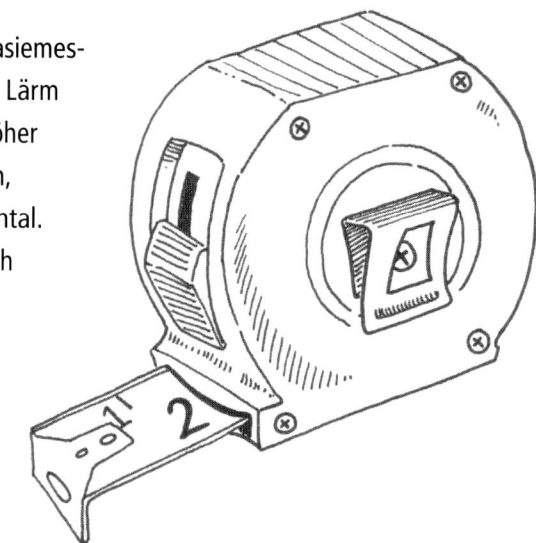

So tun als ob

Denken Sie sich „Als ob"-Spiele aus:

▶ Geben Sie z.B. jedem Kind etwas „Als ob"-Kaugummi. Sie ahmen die üblichen Kaubewegungen nach und machen auch schöne große Kaugummiblasen. Die Kinder konzentrieren sich so sehr auf das Kauen, dass sie aufhören, zu schwatzen. Der Lärmpegel sinkt.

▶ Geben Sie einem lauten Kind einen „Ruhekäfer" in die Hand. Dieses Kind gibt ihn an jemanden weiter, der ruhig genug ist, den Käfer ebenfalls zu halten.

▶ Verteilen Sie „Ruhegas". „Betanken" Sie ein lautes Kind mit Ruhegas: Gehen Sie zu dem Kind, halten Sie ihm den Finger ans Ohr, und machen Sie ein Geräusch wie bei einem Luftballon, der aufgepumpt wird. Wenn das Kind weiterhin Krach macht, fragen Sie es: „Brauchst du noch mehr Ruhegas? Kann es sein, dass du irgendwo ein Leck hast?"

„Ich kann helfen"-Buch

Oftmals ist ein frustriertes Kind die Quelle des Lärms. Es ist frustriert, weil es seine Arbeit nicht so schnell erledigen kann, wie es sich das vorstellt. In solchen Fällen kann das „Ich kann helfen"-Buch gute Dienste leisten. Wenn Sie gerade mit etwas anderem beschäftigt sind, kann das Kind im Buch nachsehen, an wen es sich wenden kann. Das Buch reduziert Frustration und Sorge bei den Kindern und führt auf Umwegen dazu, dass der Lärm geringer wird. Das Buch sorgt für einen störungsfreieren Tagesablauf und bringt Kindern bei, sich auf sich selbst und andere Kinder zu verlassen und nicht immer nur auf Sie.

Ich kann
Schleifen binden!

1. Alex
2. Melissa
3. Alina

Überschreiben Sie jede Buchseite mit einer Fähigkeit. Die Kinder tragen ihre Namen ein, wenn sie diese Fähigkeit beherrschen und anderen damit behilflich sein können. Wer kann z.B. einen Schuh zubinden? Machen Sie ein Foto von einem Kind, das sich den Schuh zubindet, und schreiben Sie „Ich kann Schuhe zubinden" dazu. Jeder, der sich einträgt, erklärt sich damit bereit, anderen beim Schleifenbinden zu helfen. Die Liste kann jederzeit erweitert werden, wenn andere Kinder lernen, Schnürsenkel zu binden. Hier sind einige Beispiele für Seitenüberschriften:

▶ Ich kann die Oberschränke aufmachen.
▶ Ich kann Fotos machen.
▶ Ich kann Haare flechten.
▶ Ich kann Reißverschlüsse zumachen.
▶ Ich kann bei den Wochentagen helfen.
▶ Ich kann bei den Monatsnamen helfen.
▶ Ich kann helfen, bis … zu zählen.

Handzeichen

In meiner Klasse bildeten sich bestimmte Handzeichen heraus, die die Kinder darauf hinwiesen, dass sie leiser sein sollten. Jeder in der Klasse konnte ein Handzeichen geben, wenn er das Gefühl hatte, dass es zu laut war. Andere Kinder antworteten mit demselben Zeichen und senkten ihre Stimmen. Wir haben immer wieder zwischen den Zeichen gewechselt.

Ruhige Worte

Bitten Sie die Kinder, sich ruhige Wörter auszudenken. Sagen Sie ihnen, dass Sie eine Liste mit ruhigen Wörtern zusammenstellen, und gehen Sie durch den Raum, um sie einzusammeln. Die lauteren Kinder können Sie direkt ansprechen und sie um ihr ruhiges Wort bitten. Wenn Sie den Kindern eine Denkaufgabe stellen, reduziert sich der Lärmpegel von ganz allein.

Tipp
Lieder sorgen dafür, dass wir gesund bleiben.
Also: Singen Sie!

„Singen" und „Stumm singen"

Machen Sie ein doppelseitiges Schild. Auf der einen Seite steht „Singen", auf der anderen „Stumm singen". Erklären Sie den Kindern, dass „Stumm singen" heißt, dass sie stumm in ihrem Kopf weitersingen. Zeigen Sie ihnen zunächst, wie die Schilder funktionieren. Beginnen Sie, ein Lied zu singen, halten Sie das Schild hoch, und drehen Sie es von „Singen" auf „Stumm singen". Wechseln Sie oft von einer Seite zur anderen. Auf diese Weise wird den Kindern klar, was „stumm" bedeutet und wie es sich „anhört". Außer-

dem bekommen Sie die Möglichkeit, die Klasse um Ruhe zu bitten, ohne die Stimme erheben zu müssen.

Wenn den Kindern klar ist, dass sie bei „Singen" laut mitsingen und bei „Stumm singen" lautlos singen, können Sie das Schild auch einsetzen, um den Lärmpegel in der Klasse zu senken. Zeigen Sie das „Stumm singen"-Schild über immer längere Zeiträume. Meine Klasse hat immer die ersten beiden Wörter in einer Zeile laut und den Rest der Zeile stumm gesungen. Diese Technik funktioniert am besten, wenn es Zeit ist, aufzuräumen oder die Klasse zu verlassen.

Krachmacher

Suchen Sie sich einen Krachmacher, der alberne Geräusche von sich gibt, z.B. eine Fahrradhupe oder eine Spieluhr. Wenn es in der Klasse sehr wild zugeht, lenken Sie die Aufmerksamkeit der Kinder mit dem Krachmacher auf sich. Bitten Sie sie, leiser zu sein. Sie müssen gar nicht viel machen, die meiste Arbeit erledigt der Krachmacher. Wenn Sie um Ruhe bitten, vergessen Sie nicht, zu lächeln. Die Kinder werden zurücklächeln.

Fernbedienung

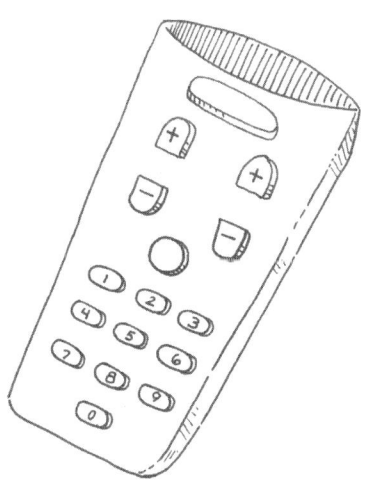

Suchen Sie sich eine alte Fernbedienung für einen Fernseher. Wenn der Lärm zu arg wird, gehen Sie durch den Raum und erklären den Kindern, dass Sie den Krach mit der Fernbedienung gerne etwas leiser machen würden. Drücken Sie die Knöpfe, und sagen Sie, dass Sie die Lautstärke regeln und die Stimmen der Kinder leiser einstellen. Wenn die Kinder wissen, wie sie mit der Fernbedienung umgehen sollen, können Sie sie auch an sie weiterreichen.

Lieder

Die beste Lärmpegel-Reduktions-Technik sind Lieder. Beginnen Sie, zu singen. Die ganze Klasse wird einstimmen.

Nun ist es ruhig geworden. Aber wenn Sie umblättern, gehen Krach und Durcheinander wieder von vorne los. Wir sind bei den Übergängen angekommen.

Kapitel 8

Übergänge

Mit „Übergängen" bezeichnet man die Zeiten, in denen Kinder entweder ihren Aufenthaltsort oder ihre Beschäftigung wechseln. Übergänge können vertraut und einfach oder ungewohnt und schwierig sein.

Übergänge von zu Hause zur Schule, innerhalb der Schule von einem Ort zum anderen und von der Schule nach Hause sind die größten Herausforderungen überhaupt. Übergänge erfolgreich zu meistern steht im Mittelpunkt einer erfolgreichen Klassenführung.

Die Philosophie bietet uns ein paar richtungsweisende Ideen, wie man Übergänge am besten handhabt. Die chinesische Geschichte ist reich an philosophischen Juwelen über persönliche Erfahrungen mit Übergängen und dem Unterrichten der nachwachsenden Generationen.

Kennen Sie dieses Sprichwort aus der Feder eines unbekannten Chinesen? „Sage ihnen, was du sagen wirst, sage es, und dann sage ihnen, was du ihnen gesagt hast." Es ist anstrengend, doch im Kern ist es genau das, worum es beim Unterrichten und bei der Bewegung von einem Ort zum anderen geht.

Von der Kita in die Schule

Der Schulbeginn kann eine beängstigende Sache für ein Kind sein. Für manche Kinder ist es das erste Mal, dass sie ihr Zuhause für längere Zeit verlassen. Und selbst die Kinder, die schon den Kindergarten durchlaufen haben und für die die Trennung von zu Hause nichts Neues ist, sind ein bisschen nervös, wenn sie das erste Mal zur Schule gehen. Sie wissen, dass die Schule etwas ganz Wichtiges ist, und begegnen ihr daher mit einem mulmigen Gefühl. Ein positiver Schulbeginn ist also für die meisten Kinder ganz wesentlich. Probieren Sie einige der folgenden Ideen aus, um die Spannung zu lösen und den Übergang von zu Hause zur Schule zu erleichtern.

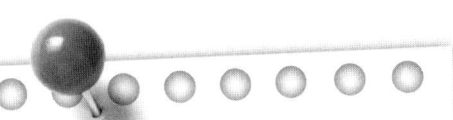

Versuchen Sie das mal!

Die treuesten und verlässlichsten Kopierer haben Namen. Bitten Sie die Klasse, sich Namen für diese unermüdlichen Helfer auszudenken und darüber abzustimmen. Es ist wichtig, dass die Kinder Kopien ihrer Werke schätzen, weil Sie viele ihrer Originalarbeiten für Bewertungszwecke in ihren Portfoliomappen sammeln müssen. Kleinere Kinder werden ihre Arbeiten vielleicht nur widerwillig abgeben – sie wollen sie mit nach Hause nehmen. Wenn Sie aber Kopien als etwas Wunderbares erachten, sollte es möglich sein, die Originale ohne Widerspruch zu bekommen.

Besuche in der Schule

Ermuntern Sie die Eltern, ihr Kind noch vor Beginn des Schuljahres zu Besuchen in die Schule zu bringen.

Besuche zu Hause

Wenn es an Ihrer Schule üblich ist, besuchen Sie Ihre künftigen Schüler doch zu Hause, und bringen Sie ein kleines Spielzeug oder ein Spiel zu einem bestimmten Thema mit. Helfen Sie dem Kind am ersten Schultag, das Spielzeug wieder dort hinzustellen, wo es hingehört.

Postkarten

Schicken Sie den Kindern Postkarten nach Hause, und laden Sie sie ein, in die Schule zu kommen und Ihre Klasse zu besuchen.

Führung durch die Schule

Nehmen Sie die Kinder am ersten Tag auf eine Führung durch das Schulgebäude mit. Machen Sie sie mit anderen Lehrern und Lehrerinnen sowie mit anderen Klassen bekannt. Zeigen Sie ihnen Sachen, wie sie in jeder Schule zu finden sind, z.B. einen Fotokopierer.

Seifenblasen

Kaufen Sie für jedes Kind eine Seifenblasendose an einer Schnur, die sie sich um den Hals hängen können. Erklären Sie den Kindern, dass sie, wenn sie traurig sind oder Heimweh haben, Seifenblasen machen können – es hilft ihnen wirklich, sich besser zu fühlen.

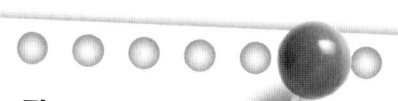

Tipp

An schwierigen Tagen tut es manchem Lehrer gut, Seifenblasen zu machen. Wenn Sie wie ich sehr gerne sehr viele Seifenblasen machen, warten Sie damit, bis die Kinder nach Hause gegangen sind.

Telefon

Nehmen Sie sich vor Beginn des Schuljahres ein paar Minuten Zeit, und rufen Sie Ihre künftigen Schüler an. Stellen Sie sich vor, und erzählen Sie, dass es in der Schule ganz toll sein kann!

Fotos

Mailen Sie jedem Kind ein Foto von einem Abschnitt Ihres Klassenzimmers. Lassen Sie die Kinder den entsprechenden Platz am ersten Schultag suchen.

Freunde und Familie – alle im Bilde

Ermuntern Sie die Familien, ihrem Kind ein Bild der Familie oder einzelner Familienmitglieder mitzugeben (es müssen nicht alle Familienmitglieder darauf zu sehen sein). Hängen Sie die Bilder an eine Pinnwand mit der Überschrift „Freunde und Familie". Die Kinder können sie sich ansehen, wenn sie Helmweh haben.

Fröhliche Steine

Geben Sie jedem Kind ein münzgroßes Stück Papier. Gehen Sie mit den Kindern nach draußen, und lassen Sie sie Steine suchen, die ebenso groß sind. Geben Sie ihnen ein paar Tage Zeit, ihre Steine kennenzulernen. Bitten Sie sie, ihren Steinen Namen zu geben. Die Kinder untersuchen sie mit einer Lupe, wiegen sie, zeichnen sie ab, schreiben über Sie, sprechen mit ihren Mitschülern darüber, bürsten sie mit einer Zahnbürste sauber, messen sie und erzählen ihrer Familie von ihnen. Wenn jedes Kind seinen Stein gut kennt, lassen Sie sie die Steine in einen Schuhkartondeckel legen, damit sie über das Wochenende einen Besuch bei Ihnen zu Hause machen können.

Nehmen Sie die Steine mit nach Hause, und malen Sie mit schwarzem Filzstift ein fröhliches Gesicht auf jeden. Bringen Sie sie zum Wochenbeginn wieder mit in die Schule, und lassen Sie die Kinder ihren Stein suchen. Erstaunlicherweise gelingt es ihnen immer, ihren eigenen wiederzufinden. Manche Kinder reden mit ihm wie mit einem Haustier.

Fröhliche Steine

Lesen Sie den Kindern folgende Steinegeschichte vor, damit sie verstehen, warum ihr Stein ein lächelndes Gesicht hat.

Die Geschichte vom fröhlichen Stein
(von Sharon MacDonald)

Hier ist dein fröhlicher Stein!
Wenn du ihn reibst, verschwindet das Lächeln allmählich.
Aber es verschwindet nicht ganz: Es wandert an deinem Arm hoch in dein Gesicht.
Es hüpft auf deinen Mund und setzt sich auf deine Lippen.
Das Lächeln zieht deine Mundwinkel in die Höhe, und deine Zähne kommen zum Vorschein.
Nun weißt du, wie man lächelt.

Bewahren Sie die Steine in dem Kartondeckel auf, und erklären Sie den Kindern, dass sie sich gemeinsam wohler fühlen. Wenn sich eines der Kinder ein bisschen traurig fühlt, kann es zu seinem Stein gehen und ihn ein bisschen reiben. Und bald wandert ein Lächeln an seinem Arm hoch und setzt sich auf seine Lippen.

Übergänge durch den Flur

Vom Klassenzimmer in den Flur und vom Flur in andere Gebäudeteile zu gehen ist der schwierigste Übergang überhaupt. Sie brauchen ein „Wanderlied", aber Sie können es nicht singen oder spielen, weil die anderen Klassen es hören würden. Der Flur scheint den Kindern zuzuraunen: „Lauft, lauft!", während Sie sagen: „Geht langsam, seid ruhig, sprecht im Flüsterton." Das nützt nicht viel. Weil gerade nichts Organisiertes und Strukturiertes passiert, strukturieren die Kinder die Zeit eben selbst, indem sie reden, lachen, schubsen und spielen. Das ist für Kinder ganz normal. Sie brauchen ein paar Tricks und Techniken, um die Kinder durch den Flur gehen zu lassen, ohne dass die anderen Klassen gestört werden. Versuchen Sie es mit diesen Ideen.

Lieder

Nehmen Sie Lieder, die sich für Übergänge anbieten. Es sind ruhige, bedächtige Lieder. Ermuntern Sie die Kinder, mit ihrer „Im Kopf"-Stimme oder im Flüsterton zu singen. Sehen Sie sich nach CDs mit ruhigen Kinderliedern um.

Bei den Übergängen ist es wie beim Marschieren: Bei kleineren Kindern ist Zeit der wesentliche Faktor. Geben Sie den Kindern Zeit, sich auf die Bewegung vorzubereiten. Bevor Sie den Raum verlassen, müssen Sie sie darauf vorbereiten, den Raum zu verlassen.

„Pssssst!"-Lotion

Kurz bevor Sie den Raum tatsächlich verlassen, geben Sie den Kindern einen Klecks Handlotion auf die Hand. Sagen Sie ihnen, dass sie sie beim Gehen verreiben sollen. Der Marsch durch den Flur verläuft dadurch ruhiger, weil die Kinder etwas zu tun haben. Es funktioniert ganz gut.
Vorsicht: Achten Sie darauf, dass keines der Kinder eine Allergie gegen die Inhaltsstoffe der Lotion hat. Lassen Sie die Eltern zu Hause ausprobieren, ob ihr Kind die Lotion verträgt.

Versuchen Sie das mal!

Aus der „Pssssst!"-Lotion können Sie auch eine Problemlöse-Lotion machen. Sie müssen nur das Etikett verändern! Wenn ein Kind große Probleme mit einer Aufgabe hat, geben Sie ihm einen Klecks Lotion in die Handfläche. Bitten Sie es, die Lotion gut zu verteilen und dabei über die Aufgabe nachzudenken. Möglicherweise kann es die Aufgabe danach ganz allein lösen. Kaufen Sie einen großen Cremespender mit Handlotion, aus dem Sie kleinere Portionen abfüllen.

8

Schwere Aufgabe

Sam – das ist das Kind, das mitten in der Klasse steht und in eine Trillerpfeife pustet. Die anderen Kinder halten sich die Ohren zu, und ich kann mir kein Gehör verschaffen. Was tun? – Sam einplanen.

Jeder von uns hat Kinder in seiner Klasse, die uns mehr als andere fordern. In meiner Klasse war es Sam. Ich habe Sams Namen bestimmt hundertmal am Tag ausgesprochen. Wenn ich etwas plante, hatte ich immer die Frage im Hinterkopf: „Kann man das mit Sam machen?" Oder: „Und was ist mit Sam?" Ich wollte, dass Sam in der Schule erfolgreich war, aber um das zu schaffen, durfte ich ihm möglichst wenig Gelegenheit zu fantasievollem, aber störendem Verhalten geben.

Eine der größten Herausforderungen bestand darin, Sam durch den Flur zu bekommen, ohne dass er Unfug machte. Oft gab ich ihm etwas Unhandliches zu tragen, etwas, das es erforderlich machte, dass er mit beiden Händen zupackte, und das seine ganze Aufmerksamkeit forderte, um keine Wandtafeln herunterzureißen oder gegen Kleiderhaken zu laufen. Meist trug er eine Wanne mit Material. Da Sams Hände beschäftigt waren und seine Aufmerksamkeit auf die Wanne gerichtet war, ging er normalerweise zügig durch den Flur und vollzog seinen Übergang ohne besondere Vorkommnisse. Außerdem war er immer ganz stolz, weil er mitgeholfen hatte.

„Als ob"-Spiele

Dies ist eine gute Art und Weise, den Übergang durch den Flur zu gestalten. Versuchen Sie es damit:
- ❯ Wir tun so, als seien wir Mäuse, und schleichen auf Zehenspitzen durch den Flur.
- ❯ Wir fliegen stumm wie eine Eule oder ein Schmetterling den Flur hinunter.
- ❯ Wir tun so, als seien wir Detektive und müssten den Boden mit imaginären Lupen nach Fußabdrücken absuchen.
- ❯ Wir fließen wie ein Fluss den Flur hinunter.
- ❯ Wir fliegen ganz leise auf unserem fliegenden Teppich.
- ❯ Wir machen unsere Finger weich und lassen sie beim Gehen wie Regen herunterrieseln.
- ❯ Wir schweben wie ein Ballon.
- ❯ Wie kriechen wie eine Schnecke.
- ❯ Wir schleichen leise wie eine Katze.
- ❯ Wir waten durch Schlamm oder gehen auf heißen Kohlen.

Seien Sie kreativ! Lassen Sie auch die Kinder Vorschläge machen. Sie sind wunderbare „Als ob"-Erfinder!

Zirkusparade

Beim Gang durch den Flur ist es wichtig, dass genügend Abstand zwischen den Kindern ist, weil sie sich sonst gegenseitig auf die Füße treten. Bei kleineren Kindern kann es vorkommen, dass sie die Idee von einer geordneten Reihe nicht verstehen. Es lohnt sich, sich die Zeit zu nehmen und ihnen zu erklären, dass Menschen Platz zwischen sich und anderen brauchen, damit sie sich beim Gehen nicht gegenseitig treten. „Es ist wie im Zirkus", sage ich immer. „Im Zirkus gibt es Paradelücken zwischen den Tieren." Mit Hilfe dieser Lücken gelingt es dem Tierdompteur, die Tiere in einer Reihe laufen zu lassen. „Was würde passieren, wenn die Tiere sich bei einer Parade gegenseitig anrempeln würden?", frage ich die Kinder. „Wir brauchen Platz für uns, und zwar eine Armlänge zwischen uns und demjenigen, der vor uns geht." Es funktioniert (manchmal)!

Eine andere Möglichkeit ist, die Kinder auf Teppichfliesen zu stellen. Weisen Sie jeder Teppichfliese einen Buchstaben aus dem Alphabet zu, und geben Sie jedem Kind einen Buchstaben, den es eine Woche lang behält. Legen Sie die Fliesen mit dem richtigen Abstand aus. Die Kinder suchen sich ihren Buchstaben auf den Fliesen und stellen sich darauf. Auf diese Weise haben sie zumindest zu Beginn ihrer Wanderschaft über den Flur einen angemessenen Abstand zwischen sich und den Nachbarn.

Handzeichen

Helfen Sie den Kindern, ihre eigene Zeichensprache zu entwickeln, sodass sie sich mit den Händen unterhalten können. Es ist witzig, zu sehen, welche Zeichen sie sich ausdenken. Lassen Sie sie diese Sprache üben, und fertigen Sie eine große Schautafel an, auf der die einzelnen Zeichen zu sehen sind. Handzeichen helfen, den Lärmpegel bei den Übergängen durch den Flur zu senken. Bitten Sie die Kinder, sich mit Hilfe ihrer Zeichensprache zu unterhalten, während Sie mit ihnen durch den Flur gehen.

Sie könnten den Kindern auch das deutsche Gebärdenalphabet beibringen. Hängen Sie ein Plakat mit dem Alphabet auf, und ermuntern Sie die Kinder, Worte in Gebärden auszudrücken. Bringen Sie ihnen Zeichen für ein paar Wörter wie „Hallo" oder „ruhig" bei.

Karte

Fertigen Sie in der ersten Schulwoche eine Karte vom Schulgebäude an, und zeigen Sie sie den Kindern. Messen Sie mit einer Stoppuhr, wie lange Sie von einem Ort zum anderen brauchen. Vermerken Sie die Zeiten auf der

Karte. Sprechen Sie mit den Kinder darüber, wie leicht es ist, zwei Minuten lang still zu gehen, wenn wir wissen, dass wir nur einen zweiminütigen Weg vor uns haben. Stellen Sie einen Kurzzeitmesser ins Klassenzimmer, und üben Sie, zwei Minuten lang nicht zu reden.

Die Kinder werden feststellen, dass sie das schaffen können. Nehmen Sie bei den ersten Übergängen den Kurzzeitmesser mit, sodass die Kinder mitbekommen, wie die Zeit vergeht. Sie wissen dann, dass sie bald wieder miteinander reden dürfen, und halten die zwei Minuten Redepause besser aus.

„Machts mir nach"

Spielen Sie dieses Spiel, während Sie mit den Kindern durch den Flur gehen. Achten Sie aber darauf, dass Sie einen ruhigen Schüler als „Anführer" auswählen, der leise Aktionen wie die „Als ob"-Spiele vormacht (siehe S. 90).

Hüften und Lippen

Eine Teilnehmerin eines meiner Workshops brachte die folgende Idee ins Spiel: Die Kinder legen sich vier Finger einer Hand auf die Lippen und die andere Hand auf die Hüfte. Sie „sausen" wie Tänzer durch den Flur.

Übergänge am Ende des Tages

Sie wissen nicht, wohin Sie Ihre Schüler am Ende eines Tages entlassen und was sie dort erwartet. Daher sollten Sie sie in einer positiven und unbeschwerten Stimmung nach Hause schicken und ihnen das Gefühl mitgeben, erfolgreich zu sein. Das gelingt, wenn Sie einen Plan haben. Hier sind ein paar Ideen für einen fröhlichen Ausklang eines Tages.

Abschluss mit der ganzen Gruppe

Den Tag ruhig zu beschließen gibt allen ein gutes Gefühl. Wenn Sie den Tag hastig zu Ende bringen, werden die Kinder aufgekratzt und unnötig angespannt. So sollten Sie z.B. darauf achten, dass Sie nicht fünf Minuten vor Schulschluss mit einem chaotischen Klassenzimmer dastehen. Dann laufen Sie umher und versuchen, Ordnung zu schaffen. Die Kinder machen es Ihnen nach, und schon haben Sie das größte Durcheinander. In solchen Situationen neige ich leider dazu, den Schülern Befehle zu erteilen. Dies führt dazu, dass der Tag abrupt endet und niemand ein gutes Gefühl von dem hat, was er im Laufe dieses Tages gemacht hat.

Wecker

Stellen Sie den Wecker auf eine Zeit 15 bis 20 Minuten vor Schulschluss. Das gibt Ihnen genügend Zeit, die Arbeit zu beenden und den Tag in Ruhe und Gelassenheit abzuschließen. Rufen Sie die Kinder zusammen, sprechen Sie über die Ereignisse des Tages, und lassen Sie sie verschiedene Aspekte des Tagesablaufs diskutieren. Die Kinder werden langsam ruhiger und sind dann bereit, nach Hause zu gehen. Hier sind ein paar Fragen für den Abschluss des Tages:

▶ Was habt ihr heute gelernt?
▶ Woran habt ihr heute gearbeitet?
▶ Was hat euch am Tag am besten gefallen?
▶ Was hat euch am wenigsten gefallen?
▶ Was werdet ihr euren Eltern heute erzählen?
▶ Welche neuen Sachen habt ihr heute gemacht?
▶ Mit wem habt ihr heute gearbeitet?
▶ Wer hat euch heute geholfen?
▶ Was meint ihr, wie der morgige Tag wird?

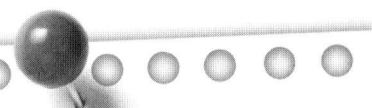

Info

Lieder sind wie Flaschenpost. Sie bringen Ideen und Fertigkeiten an neue Orte im Gehirn, wo Informationen schnell aktiviert werden können.

Singen

Wenn die Kinder Materialien mit nach Hause nehmen, schicken Sie sie in Vierergruppen los, um die Sachen zu holen. Singen Sie derweil mit dem Rest der Gruppe ein paar Lieder. Wenn Sie diesen Ablauf gut eingeübt haben, brauchen Sie nur auf die nächste Vierergruppe zeigen, und die Kinder gehen spontan los, um ihr Material zu holen. Sie können einfach weitersingen, weil die Kinder wissen, was zu tun ist.

Nachrichten

Legen Sie Nachrichten für die Familien der Kinder in Umschläge. Als Erinnerungshilfe für Sie selbst, dass Sie Nachrichten und Materialien mitgeben wollen, können Sie einen großen Umschlag an die Wand bei der Tür kleben. Legen Sie alle Nachrichten und Materialien für die Familien der Kinder in diesen Umschlag, und händigen Sie den Inhalt aus, wenn die Kinder sich auf den Heimweg machen.

Erinnerungsbändchen

Legen Sie Nachrichten in die Schultaschen oder Rucksäcke der Kinder, und bitten Sie sie, einen 50 bis 60 cm langen Wollfaden an die Tasche zu binden. Der Faden dient als Erinnerungshilfe, dass eine Nachricht weitergereicht werden soll. Bitten Sie die Kinder, den Wollfaden wieder in die Schule mitzubringen. Das ist das Signal für Sie, dass der Empfänger die Nachricht gelesen hat.

Sie denken jetzt vielleicht, dass Sie die Woche überstanden haben. Weit gefehlt! Blättern Sie um, und sehen Sie sich das Programm für den Kochtag an!

Kapitel 9

Wir kochen zusammen

Wenn ich Kochtage durchführen wollte, habe ich diese immer auf einen Freitag gelegt, weil ich eigentlich schon reif fürs Wochenende war, aber noch ein bisschen Stoff für die letzte Stunde oder Stunden der Woche brauchte.

Unterrichten ist nicht einfach, vor allem nicht an Freitagen. Die Aussicht auf eine Kochstunde ließ mich aktiver werden, wenn meine Aufmerksamkeit und mein Interesse nachzulassen drohten. Außerdem kann man das Kochen ganz wunderbar mit Lese- und Schreibübungen sowie mit Mathematik und Sachunterricht verbinden. Nase und Mund sind eng mit dem Gehirn verbunden.

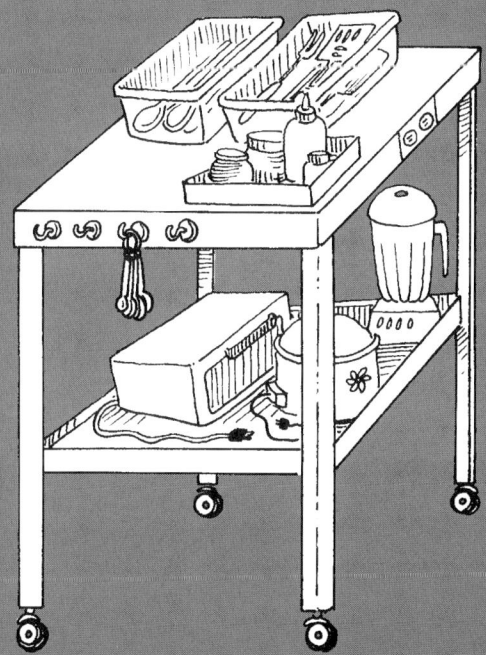

Die einfachen Kochgerätschaften und Utensilien wie die elektrische Bratpfanne und der Pfannenwender zeigen den Kindern, wie wichtig es ist, Werkzeuge einzusetzen, um die Arbeit zu vereinfachen. Das Kochen ist eine einzige Tätigkeit, aber sie macht Spaß und verbindet viele unterschiedliche Aspekte miteinander.

Kochtage praktisch umgesetzt

Die meisten Kinder essen gern. Das Vorhaben, gemeinsam zu kochen, wird fast immer mit Begeisterung aufgenommen. Wie ich schon erwähnte, ist es eine gute Möglichkeit, verschiedene Fertigkeiten einzuüben. Der Nachteil ist allerdings, dass es beim Kochen meist drunter und drüber geht und nicht immer alle Kinder an die Reihe kommen. Allerdings überwiegen die Vorteile. Wenn Ihnen ein Tag zu verheddert erscheint, können Sie ihn entwirren, indem Sie den Herd einschalten und kochen. In diesem Kapitel finden Sie keine Rezepte, aber ein paar nützliche Hinweise, wie Sie die Kochstunden mit den Kindern gestalten können.

Tipp

Achten Sie darauf, wie Sie sich fühlen. Die Wahrscheinlichkeit ist groß, dass die Kinder sich genauso fühlen. Wenn Sie sich langweilen, geht es den Kindern vermutlich auch so. Machen Sie also etwas anderes.

Schritt-für-Schritt-Anleitungen

Illustrieren Sie ein Rezept. Malen Sie zu jedem Schritt ein Bild, und vergrößern Sie die Bilder so, dass die Kinder sie auch aus einiger Entfernung sehen können. Auf diese Weise können Sie gleichzeitig Lese-, Schreib-, Mathematik- und Sachunterricht erteilen und mit einer großen Gruppe kochen. Vergrößern Sie auch die Rezepte, damit die Kinder sie „lesen" können. Sie werden das, was Sie sagen, mit dem gedruckten Text in Verbindung bringen. Probieren Sie verschiedene Rezepte aus, und merken Sie sich, was am besten funktioniert hat, wenn Sie das Kochen im Unterricht einsetzen wollen.

Beim Kochen entsteht immer Unordnung, und es wird Tage geben, an denen Sie sich fragen, warum Sie sich darauf eingelassen haben. Manches lässt sich aber so vereinfachen, dass das ganze Unterfangen wieder „lebbar" wird. Sie können z.B. eine Möhre waschen, schälen und essen. Guten Appetit!

Küchenwagen

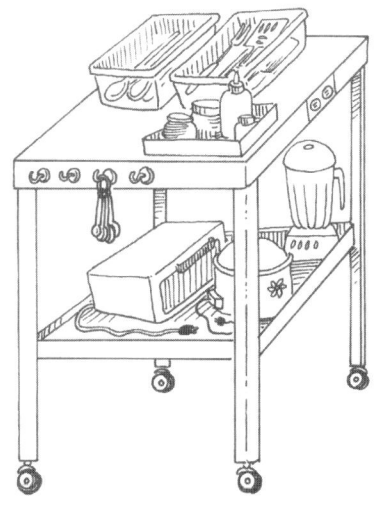

Besorgen Sie sich einen alten Fernsehwagen, den keiner mehr braucht, und machen Sie einen Küchenwagen daraus. Auf die unteren beiden Etagen stellen Sie größere Geräte wie eine elektrische Pfanne, einen Schongarer, einen kleinen Pizzaofen, einen Mixer, ein Schneidebrett und einen kleinen Brenner mit Topf. Außerdem brauchen Sie stapelbare Rührschüsseln.

Legen Sie die kleineren Kochutensilien in klare Plastikboxen, etwa so groß wie Schuhkartons, und stellen Sie sie auf die obere Fläche. Achten Sie darauf, dass Salz, Pfeffer und Gewürze in separaten Behältern aufbewahrt werden. Bestecke, große Bastelhölzer (zum Umrühren), Messlöffel, kleine

Messbecher, Dosenöffner und mehrere Kartoffelschäler kommen in eine weitere Box. Scharfe Messer sollten Sie dort aufbewahren, wo nur Sie sie im Bedarfsfall hervorholen können.

Wachspapier, Frischhaltefolie, Zahnstocher, Plastikgerätschaften, Papierservietten und Dessertteller kommen in eine weitere Box. Befestigen Sie Magnethaken an den Metallschienen der oberen Ablagefläche. Hängen Sie einen Schneebesen, einen großen Rührlöffel, einen Pfannenwender, einen Ofenhandschuh, eine Gemüsebürste und ein Backblech daran.

Tipp
Natürlich bräuchten Sie eigentlich eine Traumküche in Ihrer Klasse, aber die finanzielle Lage Ihrer Schule wird dies kaum zulassen. Wie wärs stattdessen mit einem Kochwagen mit zwei Etagen?

Geschirrtuch als Schürze

Es ist gar nicht so einfach, Halbschürzen zu finden, die auch Kindern passen. Sie können sie aus einem Geschirrtuch und einer dicken Kordel selbst machen. Das ist einfach und kostet nicht viel.

Schritt 1

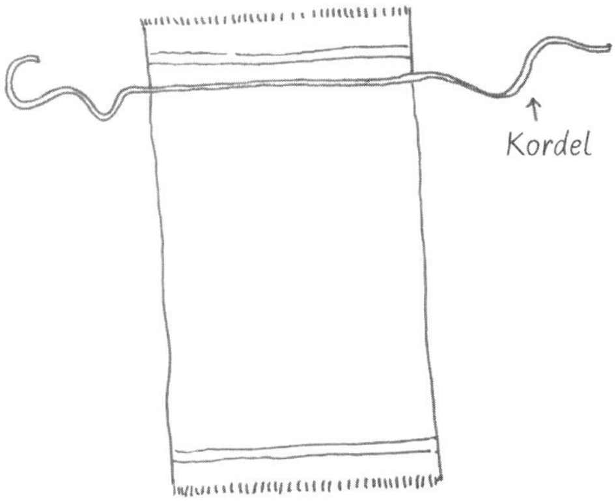

Kordel

Schritt 2

Die Oberkante fest um die Kordel wickeln.

Schritt 3

6 x weiterwickeln, sehr fest

Schritt 4

Einem Kind auf dem Rücken zubinden. Kochen.

Maßeinheiten

Beim Kochen lernen Kinder handfeste Mathematik. Sie messen die Zutaten ab, erkunden das Volumen der Mischungen und zählen die Tütchen und Teelöffel mit Vanillezucker oder Backpulver, die hinzugefügt werden. Sie zählen die Rosinen, sehen sich die Margarinedosen und Mehltüten an und rechnen aus, wie viele Plätzchen jedem Kind in der Klasse zustehen.

Beim Zerschneiden von Butter oder Äpfeln beschäftigen sie sich mit dem Verhältnis von Teilen zu einem Ganzen und nähern sich der Division und dem Bruchrechnen. Hand in Hand mit der Mathematik kommt der Sachunterricht. Die Kinder lernen z.B. das Prinzip der Irreversibilität kennen: Zutaten, die miteinander vermengt werden, kann man nicht mehr voneinander trennen. Außerdem haben die Kinder die Möglichkeit, zu untersuchen, welche Veränderung eintritt (z.B. wenn Teig beim Backen fest wird) und wie viel Zeit sie in Anspruch nimmt (nach 10 Minuten sind die Kekse fertig). All dies hat mit Messen zu tun, und Messen ist Mathematik. Beim Kochen lernen die Kinder darüber hinaus, sich an eine bestimmte Abfolge von Schritten zu halten. In den Naturwissenschaften ist dies ein wesentliches Element wissenschaftlicher Untersuchungen.

Diese Übersicht hilft Ihnen bei der Kochmathematik:

Litermaße
1 l = 10 dl (l = Liter, dl = Deziliter)
1 dl = 10 cl (cl = Zentiliter)
1 cl = 10 ml (ml = Milliliter)
1 ml = 0,1 cl
1 cl = 0,1 dl
1 dl = 0,1 l

Gewichte
1 kg = 1 000 g (kg = Kilogramm, g = Gramm)
500 g = 1 Pfund = 0,5 kg
1000 g = 2 Pfund = 1 kg

Bei Rezepten sind die Mengenangaben entweder in Gramm (g) oder in Millilitern (ml) angegeben. Die Umrechnung von Gramm in Milliliter und umgekehrt ist ziemlich kompliziert, weil das spezifische Gewicht eine Rolle spielt. Bei Wasser ist es ganz einfach:

1 Liter = 1 kg
1000 ml = 1000 g
1 ml = 1 g

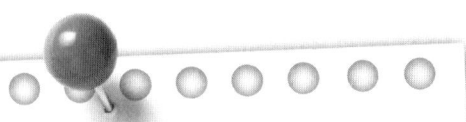

Versuchen Sie das mal!

Wenn Sie Messlöffel und Messbecher aus Metall verwenden, bestreichen Sie die Maßangaben mit rotem Nagellack. So sind sie besser zu sehen. Bei Messbechern aus Plastik können Sie genauso vorgehen.

Bei anderen Produkten müssen Sie abschätzen, ob Sie damit so verfahren können wie mit Wasser. Notfalls müssen Sie mit einer Küchenwaage nachmessen: Fordert ein Rezept 100 g Sahne, gießen Sie so viel Sahne in einen Behälter, bis die Waage 100 g anzeigt.

Ersatzzutaten

Wenn Sie so sind wie ich, haben Sie immer alle Zutaten beisammen – bis auf eine. Nun können Sie ja nicht aus dem Klassenzimmer stürzen und einen kurzen Abstecher in den Supermarkt machen – also müssen Sie improvisieren. Ich habe im Laufe der Zeit viele Kochbücher durchgeblättert und Haushaltstipps gesammelt, um Ersatz für bestimmte Zutaten zu finden.

Nach und nach habe ich mir folgende Liste zusammengestellt:

- ½ Teelöffel Natron und ½ Teelöffel Weinsteinpulver ersetzen 1 Teelöffel Backpulver.
- 1 Becher Jogurt funktioniert wie die gleiche Menge Buttermilch und umgekehrt.
- 3 Esslöffel Kakaopulver und 1 Teelöffel Butter sind vergleichbar mit 1 Stück Schokolade (und Kakaopulver plus Butter landen normalerweise tatsächlich im Teig, während die Schokolade oft auf mysteriöse Weise verschwindet).
- 4 Esslöffel Milchpulver mit 1 Tasse Wasser ersetzen 1 Tasse Milch oder ½ Tasse evaporierte Milch (= ungezuckertes Milchkonzentrat).
- ½ Tasse Wasser funktioniert fast so gut wie 1 Tasse Milch.
- Um 1 Tasse saure Milch (als Ersatz für Buttermilch) herzustellen, geben Sie 1 Teelöffel Essig oder Zitronensaft in 1 Tasse warme Milch. Fünf Minuten stehen lassen und zu den anderen Zutaten gießen.
- 1 Tasse Apfelmus kann eine 1 Tasse Butter ersetzen.

Anti-Ameisen-Kampagne

Von Zeit zu Zeit hatten wir ein Ameisenproblem. Ich hatte immer das Gefühl, dass sie uns beim Kochen zusahen und sich dann auf alles stürzten, was herunterfiel. Dazu habe ich einen interessanten Tipp: Ziehen Sie einen Kreidestrich um alles, was Sie vor den Ameisen schützen wollen. Es heißt, dass Ameisen keinen Kreidestrich überqueren. Versuchen Sie es!

Tipp

Ich habe immer wieder gestaunt, wie oft wir beim Kochen Besuch von Bienen oder anderen Insekten bekommen haben. Fast könnte man meinen, dass sie auf der Lauer lagen. Bisweilen musste ich bei Insektenstichen Erste Hilfe leisten. Tragen Sie eine Paste aus Natron und ein wenig Wasser auf einen Insektenstich auf. Die Paste zieht den Insektenstachel heraus und wirkt schmerzlindernd.

Vorsicht: Informieren Sie sich über Allergien der Kinder. Schwere allergische Reaktionen auf Bienenstiche können lebensbedrohliche Zustände hervorrufen und müssen sofort medizinisch behandelt werden.

Sicherheit

Bei manchen Tätigkeiten brauchen Sie Gerätschaften, die die Kinder nicht allein benutzen oder nicht anfassen sollten. Markieren Sie die Bereiche, in denen solche Gerätschaften zum Einsatz kommen. Machen Sie zunächst Fotokopien von den Händen der Kinder. Diese Handbilder verwenden Sie dann für Warnschilder.

Und so könnten Sie vorgehen: Machen Sie von jedem Kinderhändepaar eine Kopie auf dem Kopiergerät. Schreiben Sie den Namen des jeweiligen Kindes auf die Kopie, und kopieren Sie den ganzen Stapel noch einmal. Geben Sie den Kindern eine Kopie, die sie mit nach Hause nehmen können, und bewahren Sie die andere Kopie zum Markieren der Sicherheitszonen auf. Wenn Sie alles für eine Kochaufgabe vorbereiten, stellen Sie ein Gerät (z.B. eine elektrische Pfanne) vom Küchenwagen auf die Arbeitsfläche. Markieren Sie die Fläche um Topf oder Pfanne mit farbigem Klebeband. Kennzeichnen Sie diese Fläche mit dem Handbild eines Kindes.

Schneiden Sie die Hände aus. Nehmen wir an, dass es sich dabei um Jessicas Hände handelt. Der Name sollte klar erkennbar sein. Befestigen Sie die Hände mit rotem Klebeband auf der Arbeitsfläche. Formen Sie mit dem Klebeband einen durchgestrichenen Kreis. Die Handbilder signalisieren: „Nicht anfassen – ihr könntet euch verbrennen." Die Kinder sind gewarnt, und Jessica ist die neue Sicherheitsbeauftragte der Klasse. Sie geht durch den Raum, achtet auf dies und das und weist immer wieder auf die Sperrzone um den heißen Topf hin. Im Laufe des Schuljahres kommt jedes Kind als Sicherheitsbeauftragter an die Reihe.

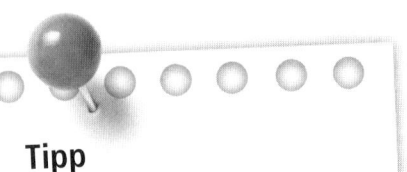

Tipp

Besprühen Sie Ihre Kochgeräte mit nicht klebendem Pflanzenöl, damit sie nicht rosten. Schneiden Sie die Finger von Haushaltshandschuhen ab, und schieben Sie sie über die Griffe von Pfannenwendern oder Suppenkellen. Sie können Ihnen dann nicht so leicht aus der Hand rutschen.

So, das Essen ist fertig, und nichts ist angebrannt. Im nächsten Kapitel finden sich noch ein paar Reste. Wir sehen uns auf der nächsten Seite.

Kapitel 10

Viele weitere Ideen

Manchmal kommt der beste Teil eines Buches zum Schluss. Bei diesem Buch ist das anders. In dieser Restekiste sind nur gute Sachen – wie in allen anderen Kapiteln auch. In diesem Kapitel finden Sie alle Ideen und Tipps, die unter keiner anderen Überschrift Platz gefunden haben. Ich bin sicher, dass sie auch für Ihre Schulpraxis hilfreich und praktisch sind.

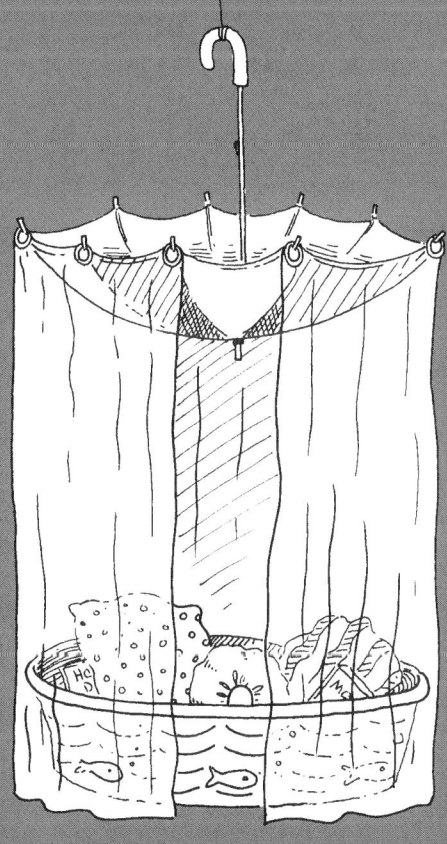

Eine Fülle an guten Tipps

Hier am Ende des Buches habe ich Ihnen jede Menge Ideen, Anregungen und Tipps aufgelistet, die ich in den anderen Kapiteln noch nicht unterbringen konnte. Schauen Sie sie einfach selbst durch, und probieren Sie es aus. Sicherlich finden Sie auch hier viel Hilfreiches und praxistaugliche Tipps.

Klebstoffflaschen mit festgeklebten Verschlüssen

Jeder Lehrer weiß aus Erfahrung, dass alte, halb volle Flaschen mit Klebstoff dazu neigen, sich hartnäckig allen Öffnungsversuchen zu widersetzen. Es ist schade, guten Klebstoff wegzuwerfen, nur weil man die Flasche nicht aufbekommt. Vor Ihrem inneren Auge erscheint nun wahrscheinlich das Bild einer Zange, aber glauben Sie mir: Damit können Sie den Flaschenverschluss bestenfalls abreißen. Hier ist eine andere Idee:

Suchen Sie sich einen Platz in sicherer Entfernung von den Kindern. Füllen Sie eine Abwaschschüssel mit heißem Wasser, und legen Sie alle Ihre verklebten Klebstoffflaschen hinein. Lassen Sie sie etwa eine Stunde lang einweichen. Gießen Sie dann etwas von dem Wasser ab, fügen Sie noch mehr heißes Wasser hinzu, drehen Sie die Flaschen um, und lassen Sie sie eine weitere Stunde lang einweichen. Drehen Sie die Verschlüsse mit der Hand ab; wenn das nicht funktioniert, versuchen Sie es doch mit einer Zange – aber ganz vorsichtig! Entfernen Sie den eingetrockneten Kleber am Rand des Flaschenverschlusses, und tränken Sie die Verschlüsse in Pflanzenöl. Und wenn das alles nicht hilft, werfen Sie die Klebstoffflaschen weg.

Verschmutzte Wachsmalstifte

Wenn alle Ihre Wachsmalstifte einen einheitlichen schmutzig grauen Farbton aufweisen, ist das kein Grund zur Verzweiflung. Sie können sie wiederbeleben. Stellen Sie eine Aluschale auf einen Brenner mit niedriger Flamme. Nehmen Sie die Hülsen von den Stiften, packen Sie die Stifte mit einer Zange, und halten Sie sie über die Aluschale. Die Schale fängt die Wachstropfen auf. Wenden Sie die Stifte, damit die verschmutzten Stellen die meiste Hitze abbekommen. Die Wachstropfen bilden einen „Kuchen" aus Wachsmalstiften. Lassen Sie ihn abkühlen. Brechen Sie den „Kuchen" dann in Stücke, und lassen Sie die Kinder damit malen.

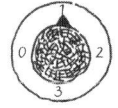

Vorsicht: Diese Vorgehensweise muss ebenso wie alle anderen Tätigkeiten, bei denen mit Hitze gearbeitet wird, gut beaufsichtigt werden. Sicherheit kommt immer an erster Stelle!

Der Drei-Tage-Tisch

Reservieren Sie einen Tisch für interessante Objekte – vor allem für Sachen, die die Kinder in die Schule mitbringen, um sie ihren Mitschülern zu zeigen. Sie selbst können auch Dinge dazustellen.

Fertigen Sie ein Schild mit der Aufschrift „Drei-Tage-Tisch" an, und erklären Sie den Kindern, dass sie sich die Sachen auf dem Tisch ansehen können. Jedes Ding steht nur für drei Tage auf dem Tisch, dann wandert es wieder zurück nach Hause.

Stellen Sie den Tisch an die Wand. Besorgen Sie flache Schalen in unterschiedlichen Größen, Karteikarten (DIN A6), Bleistifte und einen Kalender mit einem Feld für jeden Tag des Monats. Hängen Sie den Kalender auf Augenhöhe der Kinder über dem Tisch an die Wand. Stapeln Sie die Schalen neben dem Tisch auf dem Boden. Lassen Sie die Kinder aussuchen, welche Größe am besten für den Gegenstand geeignet ist, den sie mitgebracht haben. Legen Sie die Karteikarten zusammen mit den Stiften in einen kleinen Korb.

Helfen Sie den Kindern, eine Karteikarte mit der Bezeichnung des mitgebrachten Gegenstandes zu beschriften, und legen Sie die Karte zu dem Gegenstand in die Schale. Markieren Sie im Kalender das Datum der „Einlieferung" und drei Tage später das Datum, an dem die Kinder den Gegenstand wieder nach Hause mitnehmen. Erinnern Sie die Kinder daran, wenn die drei Tage um sind.

Stellen Sie eine Sammlung von Werkzeugen und Gerätschaften zusammen, mit denen die Kinder die mitgebrachten Gegenstände untersuchen können, z.B. ein Stethoskop, ein Lineal, ein Taschenmaßband, eine Waage, ein Verkleinerungs- und ein Vergrößerungsglas, Kordeln, Gläser, Taucherbrillen mit farbigen Gläsern usw. Legen Sie alles in einem Korb auf den Tisch.

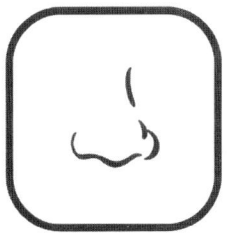

Für ältere Kinder können Sie auch einen Beobachtungsbogen auslegen. Die Kinder können aufschreiben oder aufmalen, was ihre Untersuchungen der Gegenstände ergeben haben. Die unterschiedlichen Arten der Beobachtung oder Untersuchung lassen sich durch Symbole anzeigen (siehe Zeichnungen).

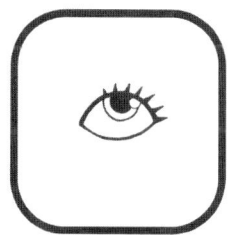

Buch der Briefe

Stellen Sie ein Buch der Briefe zusammen.
So haben Sie einen Platz, wo Sie all die wunderbaren Notizen, Nachrichten und Briefe der Kinder sammeln können, die Sie jeden Morgen bekommen.

Verwenden Sie ein dickes Ringbuch mit Klarsichthüllen und Pappblättern. Schieben Sie dazu in jede Hülle ein Pappblatt, und sammeln Sie sie in dem Ringbuch.
Erzählen Sie den Kindern diese Geschichte:

Vor vielen, vielen Jahren konnten nur wenige Leute lesen und schreiben. Die Leute, die schreiben konnten, entwickelten eine besondere Kunstform: die Kalligrafie. Kalligrafen verbrachten manchmal Tage damit, einen Brief zu schreiben, weil jeder Buchstabe perfekt gemalt sein und der ganze Brief wunderschön aussehen sollte.

Briefe haben eine interessante Vergangenheit. Vor über hundert Jahren brauchte ein Brief drei Monate mit dem Pony Express von Kalifornien nach Boston und kostete 20 Dollar. Einen Brief zu bekommen war etwas ganz Besonderes. Die Leute hoben die Briefe auf, die sie bekamen. Sie sammelten sie in Kästchen aus Zedernholz und legten Zwiebelschalen zwischen die Briefbögen. Briefe wurden immer wieder gelesen. Wenn Gäste am Abend zu Besuch kamen, saß man zusammen und las sich die Briefe vor, die man von Freunden oder Verwandten von nah und fern bekommen hatte.

Heute bewahren wir unsere Briefe nicht mehr in Zedernholzkästchen auf, und Zwiebelschalen benutzen wir auch nicht mehr. Wir schicken uns gegenseitig Karten, telefonieren miteinander oder schicken uns E-Mails. Aber es gibt eine Möglichkeit, Nachrichten und Bilder aufzuheben, sodass man sie anderen Leuten zeigen kann: Ringbücher mit Klarsichthüllen. Wenn ihr Nachrichten oder Bilder habt, die ihr den anderen Kindern in der Klasse zeigen wollt, legt ihr sie in das „Buch der Briefe". Eure Freunde können die Nachrichten lesen und die Informationen weitergeben, so wie es früher war.

Das Buch der Briefe erfüllt darüber hinaus einen weiteren Zweck: Es zeigt den Kindern, dass Sie die Sachen schätzen, die sie schreiben, malen und in die Schule mitbringen. Gleichzeitig löst das Buch das Aufbewahrungsproblem für alles, was außerhalb von Aufgaben gemalt und geschrieben wird. Die Briefe der Kinder befinden sich alle an einem Platz, können immer wieder gelesen und auch zu Bewertungszwecken herangezogen werden.

Nadeln

Seifen Sie Ihre Nadeln ein!
Von Zeit zu Zeit musste ich einen Knopf oder ein Bändchen annähen oder
einen Riss mit Nadel und Faden reparieren, um den Tag für ein Kind
(oder mich selbst) zu retten. Nadel und Faden hatte ich immer in
meiner Schublade oder in meinem Aktenschrank. Die Nadel
steckte bis zur Hälfte in einem Seifenstück. Eine geseifte
Nadel gleitet viel leichter durch den Stoff, vor allem durch
festere Stoffe. Oft musste ich die Nadel mehrmals ein-
seifen, um meine Reparaturarbeiten zu Ende bringen
zu können. Merke: Eingeseifte Nadeln nähen schneller!

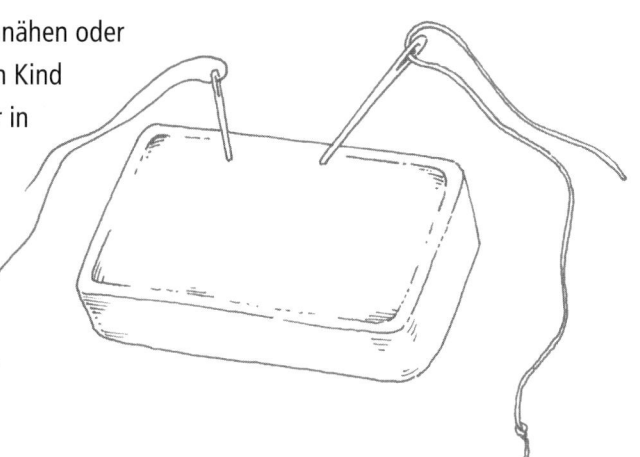

Im Rahmen

Reservieren Sie einen besonderen Rahmen für Arbeiten von einem oder mehreren Kindern, um sie im wöchentlichen Wechsel auszustellen. Dafür können Sie
Rahmen aus stabiler Bastelpappe zuschneiden. Außerdem brauchen Sie Folien-
reste, transparentes Klebeband und Overhead-Folien.
Basteln Sie für jedes Kind einen Rahmen. Befestigen Sie eine Overhead-Folie an
der Vorderseite des Rahmens, und bedecken Sie die Rückseite mit Laminierfolie.

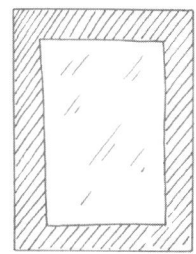

Vorderseite (Overhead-Folie)

Schneiden Sie die Ränder bündig mit der Außenkante des Rahmens ab. Befestigen Sie die Laminierfolie an den beiden Seiten und am unteren Rand mit Klebeband am Rahmen. Die Oberkante bleibt offen. Die Laminierfolie bildet auf der
Rückseite eine Tasche.

Oberkante:
↙ kein Klebeband

Jedes Kind verziert seinen Rahmen mit Klebebildern und schreibt seinen
Namen darauf. Befestigen Sie kleine Stücke von der rauen Seite eines Klettband-
streifens an der Rückseite. Im Flur befestigen Sie auf Augenhöhe der Kinder einen langen Streifen aus dem flauschigen Klettbandmaterial an der Wand. Zum
Aufhängen drücken Sie die Rahmen gegen den flauschigen Streifen.

Rückseite (Laminierfolie)

Stellen Sie sich eine Kiste ins Klassenzimmer, mit einem Aktendeckel für jedes
Kind. Schreiben Sie „Ausstellungsbilder" auf die Aktendeckel. Im Laufe der
Woche stecken die Kinder die Bilder hinein, auf die sie besonders stolz sind.
Freitags (oder an einem anderen Tag, der gut in Ihren Zeitplan passt) sucht sich
jedes Kind ein Bild aus seiner Sammlung im Aktendeckel aus.

Das Bild zeigt etwas, das das Kind gelernt oder geschafft hat. Stellen Sie diese
Bilder in den Rahmen im Flur aus, und lassen Sie sie die ganze Woche über dort
hängen. Sie werden einmal in der Woche ausgetauscht. Bewahren Sie alle Bilder
auf, die die Kinder im Laufe des Schuljahres für ihren Rahmen ausgesucht haben. Am Ende des Jahres lochen Sie die Seiten und stellen für jedes Kind einen
Hefter mit seinen Bildern zusammen, den es nach Hause mitnehmen kann. Die
Kinder sind immer so überrascht und erfreut, wenn sie sehen, welche Fortschrit-
te sie im Laufe des Jahres gemacht haben.

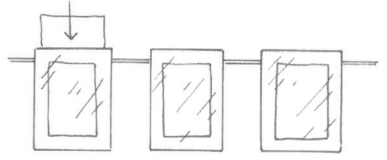

Die „sprechende" Wand

Eine „sprechende" Wand ist eine Ereigniswand. Sie zeigt, was in der Klasse passiert ist. Schneiden Sie jede Woche einen etwa 2 m langen Streifen Papier von der Rolle ab, und kleben Sie ihn unter die Wandtafel. Stellen Sie einen Korb mit Bleistiften, Farbstiften, Wachsmalern und Filzstiften daneben. Bitten Sie die Kinder während der täglichen Freiarbeitszeit, auf dem Papier festzuhalten, was sich im Laufe des Tages in der Klasse zugetragen hat. Sie können etwas schreiben oder malen, z.B. über einen ausgefallenen Milchzahn, umgekippte Farbe, einen Ausflug, eine Feuerübung in der Schule, ein neues Spiel oder den Geburtstag eines Kindes. Achten Sie darauf, dass die Kinder sich auf die Ereignisse in der Schule beschränken und ihre Dokumentation nicht auf Geschehnisse in der Familie oder der Nachbarschaft ausdehnen. Am Ende der Woche schneiden Sie die Kanten des Papierstreifens gerade und hängen ihn an eine Wand im Flur. Diese „Wochenschau" wird jeden Freitag gegen die aktuelle Version ausgetauscht. Im Verlauf des Schuljahres wird daraus eine dekorative und informative Klassengeschichte, die auch die anderen Schüler und Lehrer der Schule interessiert. Ihnen macht es Spaß, zu erfahren, was in Ihrer Klasse passiert. Und vielleicht bringen sie ja selbst auch eine Wand zum Sprechen.

Der Fragenbeantworter

In vielen Klassen gibt es ein Kind, das jede Frage beantwortet. Diese Kinder sind schnelle Denker und ihren Mitschülern in ihrer Entwicklung voraus. Weil die anderen Kinder aber nicht genügend Zeit zum Nachdenken bekommen, verpassen sie die Gelegenheit, sich an Diskussionen in der Klasse zu beteiligen. Um zu verhindern, dass der Fragenbeantworter zu schnell eine Antwort parat hat, nehmen Sie ihn vor Beginn des Unterrichts beiseite. Erklären Sie ihm, dass Sie Fragen stellen werden, deren Antwort er wahrscheinlich kennt. Bitten Sie ihn, die anderen Kinder antworten zu lassen, während er selbst Ihnen durch ein vereinbartes Geheimsignal mitteilt, dass er die Antwort weiß. Normalerweise hebt er die Finger zu einem V-Zeichen oder klopft sich selbst auf den Rücken, sodass ich es sehen kann.

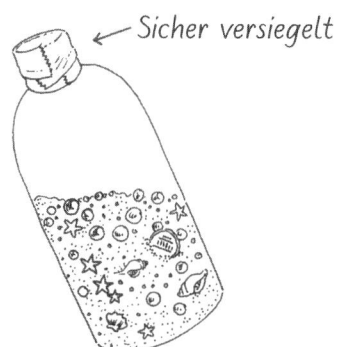

← Sicher versiegelt

Beruhigungsflasche

Setzen Sie die Beruhigungsflasche ein, wenn die Kinder ruhiger werden oder ihre Aufmerksamkeit wieder ihrer Arbeit zuwenden sollen. Füllen Sie eine 250 ml fassende Plastikflasche zu zwei Dritteln mit Sand, Muscheln, Perlen, Pailletten, kleinen Steinen, Glittersternchen und einer Münze. Bitten Sie das Kind, das sich beruhigen soll, die Münze in der Flasche zu suchen. Reservieren Sie eine ruhige Ecke für diese Suchaktion, etwa ein „Ruhiges Haus" (siehe S. 108) oder einen Schaukelstuhl. Das Kind dreht die Flasche hin und her, bis es die Münze entdeckt. Das dauert normalerweise eine Weile, und das Kind hat die Möglichkeit, zu Ruhe und Gelassenheit zurückzufinden. Frustrationen und Enttäuschungen sind vergessen, nur die Jagd nach der Münze zählt.

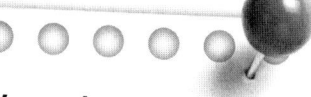

Versuchen Sie das mal!
Versiegeln Sie die Flasche mit Klebstoff aus der Heißklebepistole, und umwickeln Sie den Verschluss zusätzlich mit Klebeband. Kontrollieren Sie regelmäßig, ob alles noch dicht ist.

Namensaufkleber

In den ersten vier Wochen des Schuljahres sollten die Kinder lernen, wie man mit anderen Kindern in einer Klasse zurechtkommt. Und sie sollten erfahren, welche Erwartungen Sie an sie stellen (siehe Seiten 9–14). Den Kindern beizubringen, wie sie ihren Namen schreiben, ist zunächst einmal nicht so wichtig. Um trotzdem alle Arbeiten der Kinder mit ihrem Namen versehen zu können, nehmen Sie eine Abkürzung: Kaufen Sie eine Schachtel mit bedruckbaren Adressetiketten, drucken Sie für jedes Kind eine Seite mit Etiketten, und legen Sie sie in seinen Ordner. Wenn ein Kind etwas malt oder schreibt, das namentlich gekennzeichnet werden soll, kann es zu seinem Ordner gehen, ein Etikett abziehen und es aufkleben.

Versuchen Sie das mal!
Erinnern Sie die Kinder daran, dass die Namensetiketten nur für ihre Arbeiten gedacht sind. Stellen Sie zusätzlich einen Korb mit Stickern in die Kunstecke. Dort können die Kinder nach Herzenslust die Schutzschicht von den Klebeflächen ziehen und die Sticker aufkleben.

Ruhiges Haus

Richten Sie einen Platz für Kinder ein, die sich für einen Augenblick vom Geschehen in der Klasse zurückziehen wollen. Kaufen Sie ein kleines Planschbecken aus Plastik, und polstern Sie es mit Kissen aus. Kaufen Sie einen Regenschirm (am besten auf einem Flohmarkt), oder lassen Sie sich einen alten schenken (fragen Sie die Eltern der Kinder danach). Drehen Sie den Schirm um. Befestigen Sie ihn mit Angelschnur an einem Haken an der Decke. Achten Sie darauf, dass er außerhalb der Reichweite der Kinder hängt. Kaufen Sie einen transparenten Duschvorhang, und schieben Sie die Ösen über die Schirmrippen. Der Vorhang umgibt das Planschbecken und bietet dem ruhebedürftigen Kind einen Rückzugsort. Gleichzeitig können Sie sehen, was es macht. Legen Sie Bücher hinein.

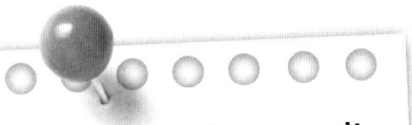

Versuchen Sie das mal!
Planschbecken kaufen Sie am besten in den Geschäften im Sommerschlussverkauf oder auf Flohmärkten. Dort finden Sie auch Regenschirme.

Thermometer

Es ist ganz schön schwierig, Kindern beizubringen, wie ein Thermometer funktioniert. Und es ist ganz schön schwierig, ihnen beizubringen, wie man in Fünfer- und Zehnerschritten zählt. Was tun? Basteln Sie ein Thermometer aus einem wiederverschließbaren Plastikbeutel (einen Gleitverschlussbeutel, etwa so groß wie ein DIN-A4-Heft). Kopieren Sie die Thermometervorlage, die hier abgebildet ist, und schneiden Sie sie aus. Schieben Sie das Thermometer in den Beutel, und zwar dicht an den Gleitverschluss. Schneiden Sie den Rest des Beutels ab, und kleben Sie ihn an der Schnittkante mit klarem Klebeband zu. Malen Sie einen Pfeil auf den Kunststoffgleiter, der auf die Zahlen auf dem Papierthermometer zeigt. Die Kinder stellen den Gleiter so ein, dass er die gleiche Temperatur anzeigt wie ein Außenthermometer.

Hinweis: Meinen besonderen Dank an die unbekannte Lehrerin, die mir bei einem meiner Workshops von dieser Idee erzählte.

Schritt 1

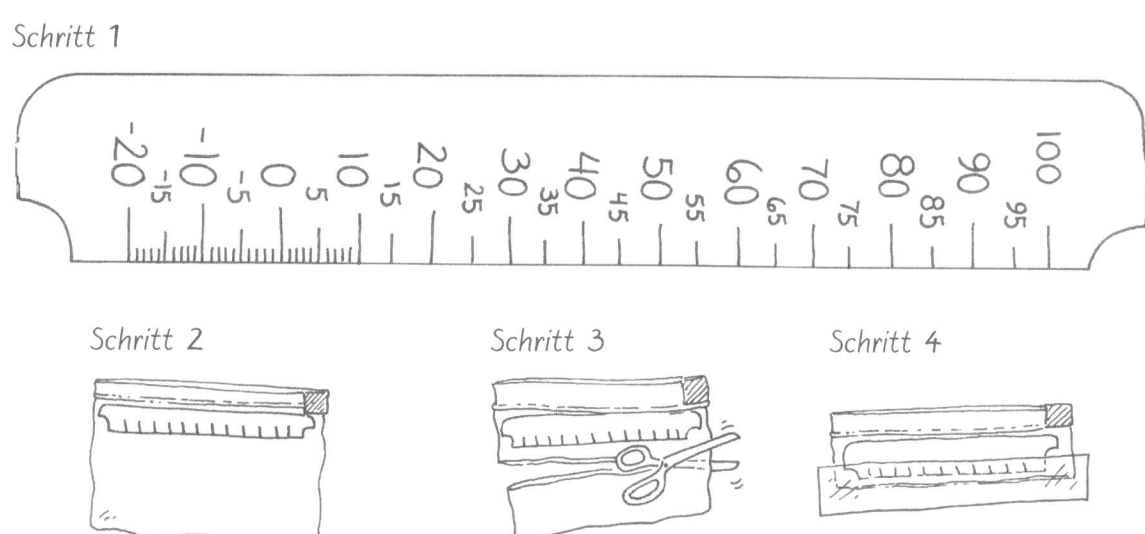

Schritt 2

In die verschließbare Tasche legen, dicht an die Öffnung.

Schritt 3

Überstand wegschneiden.

Schritt 4

Offene Kante mit Klebefilm verschließen.

Schritt 5

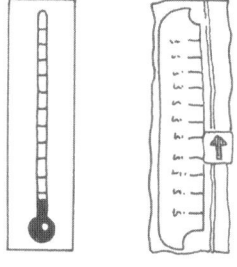

Den Gleiter auf die angezeigte Temperatur einstellen.

Echtes Thermometer

 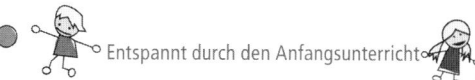

Konzentrationshilfe

Diese Konzentrationshilfe wird aus ausgemusterten Nylonstrümpfen gemacht, die bei der Qualitätskontrolle durchgefallen sind und die Sie bei manchen Herstellern kaufen können. Die Zeichnungen zeigen, wie Sie diese „Brille" basteln.

Setzen Sie die Konzentrationshilfe ein, wenn Sie die Aufmerksamkeit eines Kindes wieder auf seine Arbeit lenken oder ihm über eine schwierige Phase hinweghelfen wollen. Diese „Brille" ist eine sanfte Möglichkeit, einem Kind ein wenig Unterstützung zu geben, ohne seinem Selbstwertgefühl zu schaden. Die Konzentrationshilfe kann dazu beitragen, dass sich das Kind weniger zerstreut oder weniger frustriert fühlt und sich besser darauf konzentrieren kann, ein Projekt abzuschließen.

1.
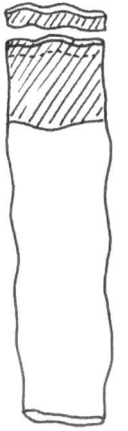

Schneiden Sie von einem Bein einen 2,5 cm breiten Streifen ab.

Schneiden Sie vom zweiten Bein zwei 2,5 cm breite Streifen ab.

2.

Ziehen Sie das breite Ende über einen Arm.

4.
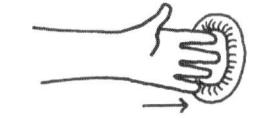

Rollen Sie den Strumpf vom Arm.

3. Ziehen Sie den Strumpf hoch, und rollen Sie ihn gleichzeitig ein.
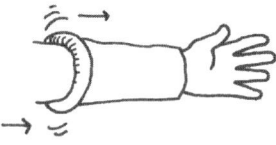

5. Tun Sie das Gleiche mit dem anderen Bein.
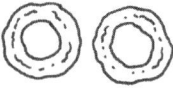

Ergebnis: 2 Ringe, 3 abgeschnittene Schlaufen

6.

Schneiden Sie eine Schlaufe auf, ...

7.
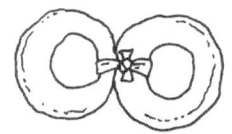

... und binden Sie damit die Ringe zusammen.

8.
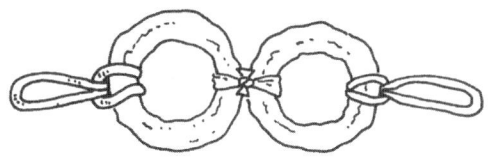

Bringen Sie die anderen Schlaufen seitlich an den Ringen an (wie ein Gepäckschild).

Literaturtipps

Christiani, Reinhold (Hrsg.):
Schuleingangsphase: neu gestalten.
Cornelsen Verlag Scriptor 2004.
ISBN 978-3-589-05091-8

Herzig, Sabine; Lange-Wandling, Anke:
111 Ideen für das 1. Schuljahr.
Verlag an der Ruhr 2008.
ISBN 978-3-8346-0363-0

Hoefs, Hartmut; Götzenberger, Mario; Loos, Henrik:
Vom Frühstückssong zum Abschiedsgong.
Musikalische Rituale für den Schulalltag.
Verlag an der Ruhr 2010.
ISBN 978-3-8346-0608-2

Jebautzke, Kirstin:
Lesemalblätter für den Anfangsunterricht.
Persen im AAP Lehrerfachverlag 2012.
ISBN 978-3-403-21005-4

Johnson, Virginia E.:
Mathe kann man anfassen!
225 Ideen und Materialien für den handlungs-
orientierten Anfangsunterricht.
Verlag an der Ruhr 2008.
ISBN 978-3-8346-0429-3

Knörzer, Wolfgang; Grass, Karl; Schumacher, Eva:
Den Anfang der Schulzeit pädagogisch gestalten.
Beltz 2007.
ISBN 978-3-407-25441-2

Kohl, MaryAnn F.:
Mit Kindern kreativ durchs Jahr.
Verlag an der Ruhr 1998.
ISBN 978-3-86072-331-9

Lütge, Jessica:
Deutsch kann man anfassen!
Verlag an der Ruhr 2012.
ISBN 978-3-8346-0942-7

Möss, Anna:
Die ABC-Lernwerkstatt 1: „Die ersten Schultage".
Unterrichtsbeispiele für den Anfangsunterricht.
Kohl 2004.
ISBN 978-3-8663-2550-0

Reddig-Korn, Birgitta; Sänger, Johanna:
Gedichte im Anfangsunterricht.
Oldenbourg Schulbuchverlag 2005.
ISBN 978-3-637-96089-3

Schneider, Ilona K.; Oberländer, Franz:
Entdeckungsreisen in die Welt.
Schneider Verlag Hohengehren 2011.
ISBN 978-3-8340-0897-8

Linktipps

leseraupe.tsn.at/auswahl.htm
Verschiedene Lesespiele für Kinder mit der Tiroler
Leseraupe

www.teddy-lernt.de/index.html
Lernspiele für den Anfangsunterricht zu den Fächern
Deutsch und Mathematik

www.veritas.at/sbo/extproj/mimi/
Lernspiel zum Lernen der Buchstaben mit Mimi,
der Lesemaus

Die in diesem Werk angegebenen Internetadressen
haben wir geprüft (März 2012). Da sich Internetadressen und deren Inhalte schnell verändern können,
ist nicht auszuschließen, dass unter einer Adresse
inzwischen ein ganz anderer Inhalt angeboten wird.
Wir können daher für die angegebenen Internet-
seiten keine Verantwortung übernehmen.

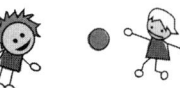